平安潮美卷

『风土海沧』民俗调查丛书

主编　黄达绥　吴光辉

知识产权出版社
全国百佳图书出版单位

图书在版编目（CIP）数据

“风土海沧”民俗调查丛书. 平安渐美卷 / 黄达绥，吴光辉 主编. —北京：知识产权出版社，2018.12

ISBN 978-7-5130-5086-9

Ⅰ. ①风… Ⅱ. ①黄… ②吴… Ⅲ. ①乡村—风俗习惯—调查研究—厦门 Ⅳ. ① K892.457.5

中国版本图书馆 CIP 数据核字（2018）第 252475 号

内容提要

厦门市海沧区“风土海沧”民俗调查组于 2016 年春节前夕，走访了渐美村下辖的渐美社、芦坑社两个自然村，采访了渐美村老人会、宫庙理事会成员等多位知情人士，实地调查了古迹宗祠的保存现状，收集了许多宝贵的第一手材料。调查组对这些材料加以整理，形成了渐美村的历史沿革、滩涂旧事、文化遗产和人物故事等内容。本书内容丰富、图文并茂、资料翔实。

责任编辑：刘晓庆　　　　**责任印制**：刘译文

“风土海沧”民俗调查丛书

平安渐美卷

PING’AN JIAN MEI JUAN

黄达绥　吴光辉　主编

出版发行：	知识产权出版社有限责任公司	**网　　址**：	http：//www.ipph.cn
电　　话：	010-82004826		http：//www.laichushu.com
社　　址：	北京市海淀区气象路 50 号院	**邮　　编**：	100081
责编电话：	010-82000860 转 8073	**责编邮箱**：	liuxiaoqing@cnipr.com
发行电话：	010-82000860 转 8101	**发行传真**：	010-82000893
印　　刷：	三河市国英印务有限公司	**经　　销**：	各大网上书店、新华书店及相关专业书店
开　　本：	787mm × 1000mm　1/32	**印　　张**：	5.5
版　　次：	2018 年 12 月第 1 版	**印　　次**：	2018 年 12 月第 1 次印刷
字　　数：	110 千字	**定　　价**：	48.00 元

ISBN 978-7-5130-5086-9

"风土海沧"民俗调查丛书

《平安渐美卷》编委会

序　言

闽南，锦绣中华的灿烂奇葩，扬名世界的创业热土！闽南，海上丝绸之路的起点，海外华夏游子的故乡！闽南，博采古越文化、中原文化、外来文化，形成了一体多元的文化融合；闽南，凝聚山岳部落、海岸文明、海洋文化，构建了自由开放的文化模式。晴天碧海、红砖古厝，组成了闽南的主流格调；南曲雅韵、绿芽春茗，谱写了闽南的无数传奇。

如果说闽南是中华文化的奇葩、扬名世界的热土，那么我们如今所要讲述的海沧，就是这一朵奇葩、一片热土的缩影。正如“海沧”这一名称所谕示的，它是一个资源丰富的天然港湾，它是一个物产繁多的无尽宝藏。同时，它也是我们毕生难以割舍的留恋之根，一世无法忘怀的风土之乡。

作为陆地门户，海沧自古以来就具有极为突出的重要地位。据《三都建义仓奏记》梁兆阳邑令之记载：“澄地为漳门户，治之北有隔衣带地，周环四十里许，年所征赋予澄籍居十之三，名三都者。”“三都”之名，始于南宋时期的保甲制度，该地设置海沧一都、二都、三都。到了明代，一都、二都、三都合并为一二三都，简称“三都”。作为三都之地的海沧，一直以来就流传着“九头九尾十八坑”之传说。所谓“头”，是指曲折海岸线中凸出的部分，“九头”是指石塘村的水头、排头、地头、渐美村的马地头、贞庵村的澳头、后井村的石甲头、许蓝头、地岸头、海沧村的大路头。所谓“尾”，是指沿海凸出一部的末端，“九尾”是指渐美、坂尾（锦里）、钟林尾（钟山）、后山尾、草仔尾、陈都尾（温厝村属）、路头尾（海沧村属）、下尾（吴冠村属）、山尾（吴冠村属）。所谓“坑”，是指低洼的地方，“十八坑”则分别指青礁村的龙湫坑（东宫故地），古楼村的后陵坑，囷瑶村的西宁坑，锦里村的马坑、肖坑，温厝村的寮坑、宁坑、苏坑、蔡坑、徐坑，海沧农场的洪坑，后井村的内坑，渐美村的芦坑，石塘村的马内坑、花坑、斜坑、东坑。正是在这样的自然风土上，海沧构建起了独特的人文气息。

作为海上枢纽，海沧的战略地位一直备受世人关注。革命先驱孙中山在其《建国方略》对厦门港的规划中留下了这样一段记载：“（厦门）此亦一老条约港也，在于思明岛。厦门有深广且良好之港面，管有相当之腹地，跨福建、江西两省南部，富有煤铁矿产。此港经营对马来群岛及南亚细亚半岛之频繁贸易，所有南洋诸岛、安南、缅甸、暹罗、马来各邦之华侨大抵来自厦门附近，故厦门与南洋之间载客之业极盛。如使铁路已经发展，穿入腹地煤铁矿区，则厦门必开发而为现在更大之海港。吾意须于此港面之西方建新式商埠，以为江西、福建南部丰富矿区之一出口。此港应施以新式设备，使能联陆海两面之运输以为一气。”其中的“此港面之西方建新式商埠”“施以新式设备，使能联陆海两面之运输以为一气”，也就是在厦门港的西侧，即海沧建设一个新式港口，形成海陆联运的东方大港。

作为文化荟萃之地，海沧这一片热土始终充满着丰富多样的人文气息。海沧的文化之根在于陆地，源于中原。但是，海沧的文化并没有停留在陆地或者中原的文化传承，而是不断地向大海延伸、向海外扩展。如果说闽南是大海的故乡，那么海沧则也是一大批海外人士的故乡。钟山蔡氏、石塘谢氏、锦里林氏、祥露庄氏、贞庵江氏……不仅在海沧繁衍生息，同时也在数百年期间先后迁移到了中国台湾地区、东南亚等一带。为了不忘祖先福荫之恩、水源木本之义，海沧先民修建祠堂、重整家庙，构建起了闽南地区极为独特的宗教信仰与文化传承。在这片土地上，保生大帝的民间信仰、闽台送王船的风俗礼仪、海沧蜈蚣阁进香等活动，既充满了无比浓郁的地方传统氛围，同时也带有不断创新的现代人文特征，形成了具有自身独特风格的人文风土。

作为文明窗口，海沧的社会进程展现了中国乡村文明的深化与发展，并始终保持着与时俱进的步伐。三都之名凸显了海沧的历史渊源，行政变迁提示了海沧自乡村向城市不断发展的区域演变，经济腾飞再现了海沧改革开放、积极进取的时代精神，传统回归彰显了海沧人不忘根本、探索文化融合的质朴性格。如果说《建国方略》展示的是海沧在海西建设中的未来性，那么如今的海沧随着新开发区的建设，已经成为厦门联络中国台湾、中国香港特别行政区、日本、韩国、东南亚、印度乃至美国等国家和地区，构建福建乃至中国全球化发展的重要基地。所谓“文明窗口”，也就是海沧经历了从传统乡村到现代都市的蜕变，成为中国社会文明进步的一道缩影；所谓“与时俱进”，或许并不只是海沧一地所独有的根本性格，但可以说它正是海沧得以蓬勃发展、不断进步的思想源泉与核心动力之所在。

或许我们可以说，海沧的本质在门户枢纽、文化、文明之中彰显海沧魅力，而事实上，随着社会的发展，尤其是城市化的不断扩张，海沧正在历经变迁，甚至体验痛苦的蜕变，以实现新时代的自我定位的转型。但我们相信，海沧的变迁并不是遮蔽或者隔断源于传统地区定位，而是将它进一步加以深化，或者说展开了一个全方位的科学定位。

时代的步伐不可阻挡，时代的变迁令人回想。如今，在海沧这一片历经千年传承、东风西雨一遍遍洗礼的土地之上，拥有数不尽的文化传统、历史遗迹、人文风格的乡村开始逐渐退出历史舞台。这究竟是一个时代的进步，还是一个文化的遗失；究竟是一个现代文明的拓展，还是一个本土文化的断裂？或许我们要尝试去做的就是将它们记录下来，使它以一个新的形式流传下去。

风土海沧系列研究，就是对海沧乡村的城市化而展开的人文调查。这一研究的缘起，来自海沧文化馆黄达绥馆长的执着追求，同时也是立足于过去的海沧非物质文化遗产的编撰基础。这样一个收集整理资料的过程，无疑是漫长而痛苦的一段经历，但是同时也是面临城市新规划必须解决的迫在眉睫的问题。不仅如此，作为编写委员会的一员，我也禁不住不断地质问自己，海沧是什么？如何来表述海沧？如何来评价表述海沧的行为？

首先，海沧是什么？或许对于大多数的外来者而言，它不过是一个流动人生的驿站，一个短暂休憩的港湾。但是，对于一直生活在这一片土地上的人而言，它是一条没有发生任何转移的根；对于始终眷念着这一片土地的宁静与和谐的人而言，它是一片可以寄托希望、实现梦想的热土。海沧不再是与我们相对立的存在，而是我不得不加以依托且将我们包容在一起的故乡。而且，也正是海沧文化风土的极为丰富的多样性，使我们找到寄存于我们心底的故乡。海沧是一片海，展现出了它的包容性；海沧是一首诗，述说着它的曲折历史，海沧就是这样的一片热土。

如何来表述海沧？它给予我们的感动，不仅在于它的风土地貌、建筑景致、民俗祭祀，同时也在于它深切的、终极的人文关怀。海沧的风土地貌并不稀奇，但是却充满了崎岖坎坷；海沧的建筑景致也不独特，但是却带有了斑驳沧桑；海沧的人文祭祀也不新奇，但是却依托在了山海之间。就在这样的不起眼处、不经意间，海沧的人文风土得以凸显。茅草屋上吹拂的茅草，小桥流水间逝去的落叶，远山烟雾笼罩下的杉树林，常常让我面对海沧的这一片宁静而和谐的大海发出无限感叹。这样的感动，并不是将会给我带来什么惊诧的表情或者什么紧张的情绪，而是一种潜移默化的、不断深入心底的流动。或许也就在这样的不起眼处、不经意间，我们已融入了它的人文风土之中。

优秀传统文化是中华民族的精神纽带，是中华民族的精神之根、智慧之根，是中华民族生生不息、团结奋进的不竭精神动力，任何国家和民族在世界的崛起，不仅需要经济、军事等国家硬实力的强大支撑，也需要内向凝聚力、外向感召力和文化软实力相辅相成，从而不断增强建设民族共有的精神家园，努力提高全社会文化自觉和文化自信。如何来评价我们的表述海沧的行为？看起来我们所尝试的，不过是将历史的资料、现实的感受、口述的文本堆砌在一起，但我们是用这种最为直观的呈现，来传承优秀的传统文化，把握未来前行的方向，这也正是本系列图书始终坚持不变的叙述方式的根源之所在。

夕阳西下，古榕参天，海沧风土系列考察就是以钟山村为起点而逐步深入的。我还依稀记得第一次踏入钟山村的情形：在一片夕阳的光晕之中，榕树留下了无数的斑驳身影，长街两畔的古宅越发凸显出了历史的沧桑，黄达绥馆长、林致平顾问、刘丽萍女士与厦门大学人类学的博士们一道朝着夕阳下的道路前行。就在这一刻，我感受到了一种生命的永恒。这是一种夕阳、古树、小道、旧宅联系到一起，流淌出和谐静谧的氛围的一种生命的永恒，会伴随着我们的工作而不断地延伸下去，并激励着我们一路走下去的一种生命的永恒。

吴光辉 谨记

厦门大学囊萤楼

2015 年 10 月 28 日

目 录

第一章　历史沿革

第一节　社区概况

渐美村坐落于海沧街道西北部，九龙江入海口北岸。东邻海沧区政府、海沧体育中心；南至海沧人才市场、未来橙堡社区；西至翔鹭石化公司、宁店村；北邻马青路。目前共有村民 1095 户，常住人口 3016 人，外来流动人口 14210 人。渐美村下辖渐美、芦坑 2 个自然村，渐美包括 4 个村民小组，以许姓、蔡姓、谢姓为主，还包括王、苏、林、郑、李、黄、杨、董诸姓。芦坑包括 3 个村民小组，谢姓较多，还包括卢姓、郑姓等姓氏。渐美村是海沧著名侨乡之一，华侨多分布在马来西亚、新加坡、越南等东南亚国家。

渐美村古代隶属海澄县三都地区，1949 年以前属海澄县海沧乡渐美保。中华人民共和国成立后，政府废除保甲制，渐美村属于海澄县第四区海沧乡。1958 年 4 月撤区并乡，归海沧乡管辖。1958 年 8 月，划归厦门市，属厦门市郊区海沧公社，设渐美大队。1961 年 10 月，拆解海沧公社，设渐美公社。1964 年 5 月，复入海沧公社，设渐美大队。1984 年，改为海沧乡。1986 年，改镇，设渐美行政村。1987 年 7 月，郊区改名集美区。1995 年 10 月，海沧镇、东孚镇划入杏林区。2003 年 10 月，改名海沧区。2005 年 7 月，海沧镇撤销，分为海沧街道、新阳街道，设海沧街道渐美行政村。

渐美村民以农业为主，主要种植稻谷、花生、甘薯、蔬菜。一些海田（围海造地而成）曾进行过淡水、海水养殖业。渐美村还拥有一些蔡尖尾山的山林，故而部分村民也从事龙眼、荔枝等果树种植。

中华人民共和国成立以来，与海沧的其他村庄一样，渐美村经历了从个体农户到合作社、再到人民公社的发展时期，村民的生活水平逐步提高，村里建立了碾米厂、榨油厂、壳灰厂、农具厂、打铁厂、锯木厂等村办企业，组织了水产养殖队、养猪场、果林队、副业队，村民收入有所增加。

改革开放以来，村委会和村支部组织村民们大力发展农副业生产，承包土地、山地、滩涂，开展经济作物种植、果树种植、水产养殖。与此同时，政府还加大村里基本建设的投入力度，修建了村前广场、农贸市场，组织进行了全村的电网改造和村道硬化改造，全村的自来水管网安装，扩建了村办小学，为村民的生产、生活、学习提供了良好的条件。

自 1990 年海沧成为台商投资区之后，渐美村陆续出现了一些合资企业。这样一来，征地、拆迁、安置、新社区建设就成了渐美村的又一个工作重点。

作为一个省级文明村，渐美村在 2009 年、2011 年、2015 年获得“省级文明村”荣誉称号，还先后获得了全省“农村思想学习先进集体”“平安先进村”“交通安全宣传示范村”“规范化建设先进单位”等一系列荣誉称号。

随着海沧区的发展建设与经济腾飞，渐美村以其独特的地理位置而备受青睐。房屋出租逐渐成为渐美村村民主要的经济来源。渐美村每家每户几乎都从事房屋出租的经济活动，并形成了平安和谐、管理规范、便利服务的外来人口的规模化的出租房租赁市场。不仅如此，村民与外来人口相处融洽、相互尊重、相互帮助，出租市场秩序井然，为渐美村的治安稳定提供了保障。

渐美村一直持续开展以龙舟赛为龙头的腰鼓比赛、拔河比赛、歌唱比赛、文艺晚会等丰富的文化活动。

尤其是龙舟赛活动，自1985年恢复比赛以来，至2013年已连续举办了29届，成了渐美村的一大标志。渐美村的行政变迁与组织变动详见表1–1和表1–2。

表1–1 渐美村的行政变迁

时 间	行政机构名称	人 员	备 注
中华人民共和国成立前	海澄县海沧乡渐美保	保长：谢文典	为人较好无民愤
1949年	海澄县第四区海沧乡渐美村	主任：王三秋	辖渐美、芦坑两个自然村
1952年	农业生产互助组	乡长：陈亚婴	几户成立一个互助组
1954年	渐美村党支部成立	书记：谢吉宁	—
1955年	海澄县海沧区初级社联社	社长：许其能、黄贞成	—
1956年	海澄县海沧区高级社	社长：许其能、黄贞成、苏九椰、林育金	—
1958年	郊区海沧公社渐美大队	大队长：陈亚婴 书记：杨运动	—
1961年	渐美公社	大队长：苏九椰	海沧人民公社析为锦里、渐美两公社
1964年	锦里、渐美两公社合并为海沧公社	大队长：苏九椰	—
1965年	海沧公社渐美大队	书记：许其能 大队长：苏九椰	—

续表

时　间	行政机构名称	人　员	备　注
1968 年	渐美大队革命领导小组	书记：许其能 大队长：苏九椰	支委：王德林、黄贞成
1974 年	渐美大队革命领导小组	书记：许其能 大队长：苏九椰	支委：王德林、黄贞成、蔡悉哏、许其庆
1976—1979 年	海沧公社 渐美大队	书记：许其能 大队长：苏九椰	支委：王德林、黄贞成、蔡悉哏、许其庆
1979—1981 年	海沧公社 渐美大队	书记：许其能 大队长：苏九椰	支委：王德林、黄贞成、蔡悉哏、许其庆
1981—1984 年	海沧公社 渐美大队	书记：许其能 大队长：苏九椰	支委：王德林、黄贞成、蔡悉哏、许其庆
1984 年	海沧乡渐美村	书记：许其庆 村主任：蔡悉哏	公社改乡， 大队改村委会
1986 年	海沧乡渐美村	书记：许其庆 村主任：蔡悉哏	海沧乡改海沧镇
1987 年	集美区海沧镇 渐美村	书记：许其庆 村主任：蔡悉哏	1987 年改郊区为 集美区
1995 年	杏林区海沧镇 渐美村	书记：陈建辉 村主任：许其庆	海沧镇划入杏林区
2003 年	海沧区海沧镇 渐美村	书记：许定 村主任：许朱成	杏林区迁海沧 改名海沧区
2006 年	海沧街道渐美村	书记：许定 村主任：许朱成	海沧镇析为海沧、 新阳两街道

表 1-2　1984—2016 年渐美村村“两委”[1]一览表

时　间	村支部			村委会		
	书记	副书记	支委委员	主任	副主任	村委委员
1984—1988 年	许其庆	蔡忝哏	王　论 黄印水 谢忠平	蔡忝哏	黄印水	谢泽镇 谢添寿 蔡玉霞 王　论 谢忠平
1988—1991 年	许其庆	蔡忝哏	王　论 黄印水 谢忠平	蔡忝哏	黄印水	蔡玉霞 王　伦 谢忠平
1991—1994 年	陈建辉	蔡忝哏 许其庆	黄印水 谢忠平	许其庆	黄邱水 郭振昌	蔡玉霞 尤泽有 谢忠平
1994—1997 年	陈建辉	许其庆 郭振昌	黄印水	许其庆	许定	尤泽有
1997—2000 年	陈建辉	郭振昌 许　定	黄印水	许　定	许朱成	王建宽
2000—2003 年	许　定	郭振昌	黄印水 尤泽有 林玉珠	许朱成	林文成	许进赐
2003—2006 年	许　定	许朱成 郭振昌	尤泽有 林玉珠	许朱成	许朱充	许进赐
2006—2009 年	许　定	许朱成	尤泽有 林玉珠 许朱充	许朱成	许朱充	许进赐
2009—2012 年	许　定	许朱成 许朱充	尤泽有 林玉珠	许朱成	王建宽	许进赐
2012—2015 年	许　定	许朱成 许朱充	尤泽有 林玉珠	许朱成	许国栋	许进赐
2015 至今	许　定	许朱成 许朱充	尤泽有 林玉珠	许朱成	许国栋	许进赐

[1] 村“两委”是村中国共产党党员支部委员会和村民自治委员会的简称，习惯上前者简称“村支部”，后者简称“村委会”。

第二节　教育事业

渐美村在海沧属于较小的行政村，人口不多，但是渐美村的农家子弟勤奋好学、求知若渴的精神却一直为人称道。村民办学从过去的私塾到中华人民共和国成立后的渐美小学，为本村、为社会培养了不少有文化、有抱负的精英人才。

渐美村开办私塾可以追溯到清朝年间，一直延续到民国时期。中华人民共和国成立后，人民生活渐趋安定，适龄入学儿童也逐渐增加，渐美村办起了学校。1950 年，政府派温厝村马垅社人刘汉生来渐美小学担任校长。自 23 岁担任校长以来，他培养了无数极具成就的学生而后调任龙海，直至退休。退休后，刘老师回到马垅社颐养天年，不少昔日的学生经常返乡探望，畅叙师生情谊，谈论家常。在刘老师在 91 岁高龄仙逝之际，不少学生还专门返乡为之送行、道别。

早期私塾旧址——许氏祖厝孝思堂

继刘汉生之后，不少人也担任过渐美学校校长。许章老师为人厚道，擅长教书，深受学生爱戴。不过，许校长由于历史问题而被调离，不久就病逝了，令人唏嘘不已。

许仁义老师出生于教育之家，毕业于龙溪师范学校，在渐美小学、锦里小学曾长期担任校长，不少渐美学生在他的教导下都得到了全面发展。1995 年，许校长退休，而后一直住在村里，深受大家尊重。

1961 年，海沧公社分为 3 个小公社，渐美村和钟山村合并成立了渐美公社，渐美民校就并入钟山学校。1964 年，锦里、渐美两公社合并为海沧公社，新成立的渐美小学 1964—1969 年，以许氏祖厝孝思堂为办学场所。在此期间，个别班级也借助在庵庙或苏氏老宅来办学授课。这一时期，鉴于学生日渐增加，学校就搬到现在村委会办公的一排平房，一共 8 个房间。五年制学校 5 个年段，每个年段只有一班学生，全校一共 200 多个学生，占用 5 个房间，余下的改成了老师的办公室和仓库。

村委会办公室是原来学校的教室

随着渐美村人口逐渐增加，旧学校的教室日益紧张，村民们强烈希望新建一所校舍。1990 年，集美区政府大力支持渐美村自建新校舍，并补助部分资金，时任村委会主任的蔡怣哏带头四处集资，本村人士苏仁财慷慨捐款，挑起建造校舍的重任。不久，一座崭新的两层校舍建好交付学校使用，教室宽敞明亮，质量优良，被评为集美区的样板校舍，赢得了各方好评。

在 1992—2006 年的 15 年间，渐美小学培养了大批德智体全面发展的学生。2006 年，海沧区学校进行了合理的资源整合，渐美小学和温厝、钟山、东屿、海农、贞庵共六所小学并入了厦门外国语学校海沧附校，学生的就学环境大大改善，教育质量得到了巨大提升。

2007 年，黄兴福先生租用渐美小学校舍，申请开办民办学校，改名为建美小学。2011 年，原在集美办校的严田发先生担任渐美小学董事长后，新学校的建设有了较大的发展，学校新建了教室，逐渐办成拥有 18 个班级，学生 850 人的大型小学。这一时期，大量外来工租住在了渐美村，外来工子女也成为渐美小学的学生，最多时达到 500 多人。

渐美村的教育事业也滋养了代代渐美人。渐美人从事政治、经济和贸易活动的人或许不多，但是从事教育工作的子弟可不少。老校长许仁义可称为教育世家，长女在钟山小学任教，三女在锦里小学任教，四女在海沧实验中学任教。老村长蔡怣哏的女儿如今担任吴冠小学校长。现任延奎小学校长助理的吴志坚老师的家也是教育之家，其爱人和大姐都是老师。村里的谢维文是育才学校的教师，其爱人则任教于外国语附校。芦坑村的热心人士郑忠华擅长题写楹联，其二女儿也是一位人民教师。许汉胜是厦门地区出名的书法家，其妻是一位受人尊敬的老师。村民王建伟任教于海沧中学。渐美的教育人士数不胜数。

现在的建美学校

第二章　滩涂旧事

第一节　渐渐消失的海

沧　桑

打开厦门市的地图，在海沧区的板块上寻找渐美并不难。它的方位靠近海沧区政府，位于海沧狭长地形中的中间位置，与海岸保持了一定的距离。从渐美的地名中，可以看出它与海有缘。渐美实际上叫渐尾，在海沧地名中有“九头十尾”之说，凡是有头有尾的，不是在海岸就是近海滩。一张绘制于1949年的海澄县地图，就已清晰地标注出了海澄县所辖的金霞乡。金霞乡拥有漫长而曲折的海岸，渐美就在这条海岸的凹处。难能可贵的是，这张1949年的地图已采用了现代的描绘表现形式，在渐美村前的凹地上，标出了这里是大片的滩涂。今昔比照，地理形态发生了巨大变化，沧海桑田，历史故事演绎着一段传奇。

1949 年海澄县地图上的渐美

当代厦门地图上的渐美

围海造田

渐美村前是一条通衢大道，周边是密密麻麻的混凝土丛林。村口是一栋民间建筑——东升公寓。厦门外国语学院海沧附属学校副校长吴志坚回忆童年时，海水曾一度漫涨到了东升公寓前的土地。沿着东升公寓而延伸的地方是天然的古海岸，也是一个村庄陆地向海滩延伸的岬角。绕过东升公寓，可以看到一弯浊水。据说，以前这里清波荡漾，曾经作为龙舟池。再往前追溯，这里是村中得天独厚的一处小海湾，岸边名为“渡船头”。

改革开放以前，各个生产队都拥有属于集体的大船，村中有的人家也拥有自己从事海上生产的小船，这些船是他们对外联系、生产运输的主要交通工具。站在水边仔细观察，还可发现石岸上砌出的梯形石条。据说这是靠船和系船用的。过去留下了不少，但是现在能看清的大概就只有一个了。由于围海造地，大海已经逐渐远离渐美，潮汐再也涌不到这个岸边了。这一湾水域也失去了与外界的交流，成为一潭死水。

村庄的文化人谢添寿展示了一幅昔非今比照片。过去的滨海村庄渐美古村前，海天浩渺，绿树与古民居错落岸边，整个氛围宁静而悠然。不过就在短短的几十年间，渐美村渐渐失去了海，失去了通向海洋世界的窗口。

渐美村围海造田的历史，要追溯到20世纪60年代。根据村里的老人回忆，这一时期，鼓浪屿一些青年来到渐美帮助围堤造田。数年之后，这一块围垦出来的田地规模已经十分完整，总面积逾千亩，这一块区域成为“鼓区”。如今，围垦出来的田地早已不作耕地使用，不少原来的地块都建起了房屋，地貌形态产生了巨大的改变，但是至今村里的老人依旧把这处地块叫作“鼓区”。

从“胎膏屿”到混凝土大楼

1978 年，在“向海要田”的时代背景下，浙美村和临近几个村共同付出巨大的人力和物力，从东屿到京口岩建造了一条长堤。1978 年 5 月 1 日，海沧公社（现海沧街道与嵩屿街道的前身）召开誓师大会，由 4 个大队（温厝、浙美、锦里、后井）抽出青壮年劳力来围堤，直到 1979 年的 3 月才把口围起来，从东屿村的西边经冬共屿（民间称“胎膏屿”）到京口岩，总共约 2000 米。靠陆地那头红土较多，勉强可称为田地；靠海滩的那头则是盐碱地。这次围海造田总面积达 5000 亩，极大地改变了浙美的生态环境。

这条长堤的建造靠的是“人海战术”。也就是说，所有的土方和石料建材都是靠人们肩扛手推来施工的。这一时期，机械化的工具极少,最先进的运输工具就是拖拉机,但是拖拉机也寥寥无几。不过，在泥泞的海滩，连拖拉机都派不上用场，主要还是靠人拉板车运输建材。由于施工机械少，人工效率低，因此需要大量的人力和板车。据吴志坚副校长回忆，施工间歇，板车停满了村里一些空旷的地方。参与施工的大人们去统一供餐的简易食堂吃饭，板车就成了村里的孩子最喜欢玩的器械。孩子们纷纷拉上板车，或拖或推，玩得不亦乐乎，即使身上沾满板车上的泥土，冒着回家后被父母责骂的风险，大家依然乐此不疲，都希望长大后能像大人一样，拉上板车威风凛凛地在工地上驰骋。

说到吃饭问题，在那个年代可以吃上一顿饱饭，对绝大多数人来说都是一个奢望。大队部为了保证参加施工的村民可以吃饱饭，特意建造了一个简易食堂，统一为大家供应午餐。到歇工就餐时间，食堂就会热闹非凡，大家迫不及待地从食堂师傅那里领走热腾腾、香喷喷的“缸仔饭”（每人每餐定量 8 两大米，由食堂师傅统一放在一个陶瓷缸内,然后放入蒸笼内蒸熟）。有时“缸仔饭”

里会放上一小块肉，在当时那更是难得的珍馐，一旦出笼，四处飘香。每当大人们大快朵颐时，总要惹得在边上观望的孩子们口水直流。也有部分村民舍不得吃完，总要留一点带回家，犒赏家里嗷嗷待哺的孩子。

海滩上作业较之陆地施工艰难不少，因为围海造地时经常会遇到海浪来袭。特别是如果遇到天文大潮或台风袭击，有时候辛苦造好的整段堤坝会一下子坍塌，前功尽弃。因此，当年人们夜以继日地奋战，历经了千辛万苦，一直到1979年，才把这条长达数千米的堤坝建造起来。

为了建设这条堤坝，许多建设者不仅付出了无数的汗水，还付出了生命。堤坝的最终合拢处是选择在嵩屿一侧的京口岩下。筑坝的土方和石料主要靠船运输来抛填，大量板车也来回运输建材从已建成的堤坝上面两侧往海中抛填。合拢口越小,水流越湍急，许多刚抛下的土石转眼就被水冲走。在最终合拢的阶段，突然发生了险情，一艘满是妇女参与的木船被海浪掀翻，不少人落入了水中。人们纷纷下海救人，后井村青年周川南更是奋勇当先。因为他水性好，熟悉地形，许多人被救上了岸。遗憾的是，仍旧有人遇难。谢添寿先生清楚地记得,遇难的是后井村的两位年轻姑娘，正值十七八岁的青春年华，就这样被海水吞噬了。为了表彰两位姑娘为建设海沧所作出的牺牲，海沧公社特意举行了隆重的追悼大会。

转眼几十年已经过去，修建堤坝之际所发生的诸多往事，已经渐渐淡出了人们的记忆。虽然曾经的热门话题也渐渐不再被提起，但是这段历史应该被真实地记录下来，为后人所铭记。

海离渐美而去

在第一条海堤于1979年修建起来之后，渐美村前围垦区的大片滩涂渐渐干涸。原来滩涂上的鱼类和其他生物最终困死其中，曾经繁茂一时的红树林也日渐枯萎，围垦起来的巨大面积的滩涂逐渐旱化，但由于土壤盐分太高，不适宜农作物生长，直到最后也没有变成万亩良田。在上级的领导下，20 世纪 80 年代中期，渐美等 4 个大队组织村民陆续将旱化的滩涂开辟为虾池或鱼塘，由村民承包开展鱼虾养殖，从而极大地改善了渐美村的经济产业结构。村民们改变了传统的农业耕作方式，转行从事水上养殖并通过自己的努力，在鱼虾养殖中获得了良好的经济效益，由此诞生了不少“万元户”，同时也带动了物流运输、饲料生产销售，虾（鱼）苗孵化等产业的发展，逐渐实现了党和政府提出的共同致富的目标。

根据吴志坚副校长的回忆，这一时期围垦区内的虾池、鱼塘星罗棋布，村民每天在这里辛勤劳作，享受丰收的喜悦。一到晚上，搭建在虾池、鱼塘旁的小屋内不时地传出村民们爽朗的笑声。远远望去，来自小屋的灯光星星点点，颇有一番可比拟厦门岛“筼筜渔火”的繁盛景象。

海堤的修建使渐美村的出海口外移，渐美村民也无法再像以前那样在家门口搭船到岛内了。渐美村在新建的海堤上新修了码头，又在围垦区内修建了一条道路，连接起了村子与新码头。这条路成了渐美村民进出厦门的重要通道。大量的虾农、菜农，以此为通道进岛办事，无数游玩的村民在这条路上来回穿梭，人们亲切地把这条道路称为“渐美中路”。

随着出海口的外移，海逐渐地远离了渐美村。这一时期，从事蔬菜种植的村民也不少。不过，大多数村民都是每天深夜通过肩挑手扛，把自己辛勤劳作的蔬菜等农产品，运到停泊在新码头的船上，凌晨前到达岛内市场。每到船只开动之前，都是渐美中路最为热闹的时刻。尽管没有路灯，一片漆黑，但村民们依然克服困难，把大量的农产品送到船上，运进岛内，在为自己增加收入的同时，也极大地丰富了市民的“菜篮子”。

20 世纪 90 年代，海沧开始大开发、大建设。随着海堤之外的海沧大道填筑完工，原有的海堤逐渐结束了自己的历史使命。特别是海沧大桥的修建，极大地改变了村民进出岛内的方式。但是许多渐美村民在渐美中路上奔波所淌下的汗水，已经成为他们永远不能忘却的记忆。

在将围垦区改造成虾池、鱼塘的时候，一部分具有远见的村领导和村民在村口的古渡头附近，围建了一个大鱼塘，长达数百米，最宽处有百十米。村民们利用这口大鱼塘，或是开展养殖或是洗衣取水、游泳消暑。后来，村里决定自筹资金，购进两条龙舟，每年的端午节在这里举行龙舟比赛。经过紧张筹备，渐美村第一届龙舟赛于 1985 年端午节鸣锣开赛。从此，龙舟赛成为渐美村民喜闻乐见的传统活动，大鱼塘也变成了“龙舟河”。每年龙舟比赛开赛，整个村庄犹如过年一般热闹。外嫁的女儿掩儿带女回来了，外村的亲戚朋友过来了，大家齐聚“龙舟河”旁。一时间，河的四周人头攒动，人声鼎沸。随着比赛的进行，大家或跺脚呐喊，或摇头叹息，其乐融融。

龙舟比赛的开展，造就了村里一批龙舟运动的强手。以谢添寿、许朱充、王文山等人为代表的一批好手开始走出渐美村，参加集美、福州等地的国际龙舟邀请赛，成绩斐然。不少新闻媒体也通过比赛了解了渐美村，并对渐美这个小乡村能拥有一支实力如此强劲的龙舟队伍感到诧异不已。

随着海沧城市化进程的加快，大量外来人口涌进村子。一部分村民从中看到商机，开始建起出租房出租，过起“包租公”的生活；一部分村民开始占用“龙舟河”，填河造地建房。村子日益热闹繁华，村民收入水涨船高。但令人遗憾的是，“龙舟河”不断被蚕食，龙舟比赛逐渐难以为继，最终于 2013 年比赛后不得不宣告中断。

今天的“龙舟河”，更是充斥着垃圾和土块，已经没有了昔日波光荡漾的神采。往年比赛之际万人空巷的盛况不复存在，已经化为村民的谈资与记忆。村民们每每回首龙舟比赛的往事，都唏嘘不已。目前，渐美村“龙舟河”的现状已经引起政府部门的重视，准备对其进行改造。不久的将来，这条充满太多村民记忆的“龙舟河”将会以全新的面貌呈现在世人面前。

追　溯

肩膀和脚板的时代

不断挑战体能的极限

在农耕时期，特别是20世纪六七十年代，渐美村靠人力与天斗、与地斗的气概在整个海沧闻名遐迩。改革开放之前，海沧所辖的地区137个生产队之中，渐美村在农业生产这一领域长年保持第一。没有先进的农业器械，靠的就是人的体能、耐力和毅力。与此同时，村民们多年来也练就了一套娴熟的农业技术。“车水戽，牛犁播，担百五斤还走三铺”这一句富有乡土味的俚语，正是过去渐美人的风采的写照。

“车水戽”再现了渐美村人的生产活动。这一时期的渐美村庄到处都是池塘小河，是名副其实的“水乡”。每逢干旱或水田需要水时，生产队员们就提着戽桶戽水。戽水，就是用戽桶把水从低处戽到高处，戽桶的两边对称地系着两条长长的麻绳。池塘里面水有多深，这麻绳就放多长。戽水之际，两人相对着在塘边站好，左右手分别抓戽桶边的两条长绳。戽水不是任何人都可以戽的，假如你没功夫，那就不要想把水戽起来。即使你将戽桶放到水塘里，也不会戽起满桶的水来，并且戽水的方向也不会达到你所想要的地方。当你与对面的搭档双双躬下身去，两只手捏着的绳子还必须控制得恰到好处，使戽桶的前边成一定的斜度，然后才会“唰”地一声扎下水去。戽桶进满水的一刹那，靠戽桶沿边的那条绳必须不失时机地往上提。待戽桶凭惯性升到一定高度时，靠戽桶底边的那条绳再用力往回一收，戽桶撤回来了，一泼水，水便从低处泼到了高处。

这样循环往复，两只手用力的轻重、缓急和方向几乎没有一处是相同的。略一走神，左右两手的配合就会出现误差。如果两人失去默契，那么水就戽不上来了，有时身体还会失去平衡，甚至跌个踉跄。熟练的戽水人功夫就不一样了，一俯身、一后仰、一萦手、一甩肩，行云流水，一气呵成。他们的一招一式都有板有眼，那姿势优美极了。渐美年年水稻高产，就是从那“哗啦哗啦”的戽水声、踩水车声的动听美妙的田园牧歌中得来的。回想当时，戽水人与郁郁葱葱的稻田、远处的青山、近处的村舍，组合了一幅天人合一的田园风光图。

戽水是一种非常原始的农事活动，极为辛苦。每每一天下来，人们都会累得浑身酸痛。但是，渐美人用它练就了腰板，戽水之后还能再紧张地投入其他农活，谁也不喊累。

“牛犁播”说的是牛的饲养和犁田播种。农耕时期，渐美村的农户饲养黄牛。养好牛就等于保护好了一项能够代替体力的农具，因此渐美人养牛也有一套，让牛都生长得健康强壮。每逢春耕夏种，牛的用途就更加凸显了。在春耕的时候，人和牛要一起投入田野中。牛拉犁、人扶犁、犁翻田。田地的土是否犁得够深，田土是否真正翻松，都关系到这季农作物收成的好坏。犁田之后的农活就是插秧播种了。牛犁播是一套相辅相成的农活系列，渐美人都能掌握娴熟，这是他们多年来在农业生产中独占鳌头的关键之处。

“担百五斤还走三铺”的意思是肩挑着七八十千克的重担，还要走三十华里的路。铺，是古代的一种长度单位，古代驿站十里设一铺，所以民间以一铺代表十里。谢添寿先生回忆说，当年他是村里仅有的三名高中生之一，本来可以到外面的世界去闯荡，但是他却选择了回乡务农。历经了各种锻炼的渐美人往往能挑起七八十千克的重担。谢添寿先生正值年轻力壮的时候，一直想挑战极限，其肩膀最重能够担起数百千克，还能走上一小段。当年的大队长许其庆先生则回忆说，那是一个“肩膀与脚板”的年代，他自己身先士卒，挑肥送料。渐美的滩涂泥巴是一种天然肥料，每天早上他从渐美海滩挑起沉重的泥土，送到大队所辖的芦坑社，每趟来回三四千米，一上午要挑 7 趟。更有意思的是，作为一个蔬菜基地，渐美的队员们要把菜送到角美镇（现属漳州）销售。一路上，大家摩肩接踵，你追我赶，一口气可以走上七八千米不停歇。这对于如今的年轻人来说简直不可思议，但是在那个年代却是铁一般的事实。

一餐十八碗，食堂人员傻了眼

在那个热火朝天的年代，渐美村的领头人名为许其庆。虽然已经过去几十年了，但是他的身子骨仍然硬朗。通过其朴实敦厚的脸庞，可以看到岁月留下来的风霜。许其庆是渐美村唯一进入《海沧区志》的人物，历史给了他应有的记忆。

回想当年，许其庆身为大队长，事事要起表率作用。首先，自己要有一副可以担当的身子骨。他的身材不算十分魁梧，但是非常结实，能吃能做、食量巨大。他提到，每天凌晨三点就要起床，为了不影响社员们出工，他总是先利用开工前的时间先把自己的自留地、菜地打点了。到了早上五点左右，就开始要集合队员们做集体的活，每天都有一种只争朝夕的紧迫感。队里的活各种各样，有田地里的水稻、菜地里的蔬菜、滩涂边的红树林，还有生产队就像一个大家庭，不少杂事也要处理。不过，总是生产优先。

红树林是否也存在着秋收夏种？许其庆揭开了这一谜底。过去的渐美村前滩涂上，红树林非常茂盛。一到夏收季节，肥料紧缺，渐美人就想起了自然肥。渐美人所谓的自然肥资源，一个是滩涂边的海泥；一个是红树林的软枝和叶子。渐美人把生长旺盛的红树林的树梢部分割了下来，然后埋在田里沤成肥料，对庄稼有良好的促长作用。这是渐美人世代相传的可持续发展的方法，而且一点也不影响红树林的生长。

许其庆回忆过去时指出，那时候一天的活儿干下来远远超过了 8 个小时。尤其在农忙的时候，一天干十五六个小时也是常有之事。俗话说得好，“人是铁饭是钢”。村里年轻小伙子们的胃口都特别好，许其庆则可以称得上是个“大胃王”。这一时期，渐美生产的蔬菜主要分销两路，一路是靠人工肩挑到角美；一路是用船只运送到厦门。厦门的菜行是国家设立的蔬菜收购单位，位置就在厦门鹭江道靠近第一码头的地方，利用水运非常方便。一日，许其庆把蔬菜运到厦门的菜行来销售。销售完毕已经是中午时分，到了菜行为农民兄弟开办的食堂就餐之际，食堂剩下了 4 缸半米饭。服务人员笑着说：“你如果能吃就把这些全吃了吧。”许其庆也笑着回答：“我们农民可是没有粮票的，你也给吃吗？”服务员答应了。许其庆放开胃口，盛在碗里吃了起来，居然一口气都吃光了。服务员也是一个有心人，她边看边数，总共 18 碗。从此，许其庆一餐能吃 18 碗的新闻就传播开来了。下一回再到菜行，人们也不敢拿吃饭跟他开玩笑了。

有女怕嫁第一队

当年的渐美大队第一生产队在整个海沧尤为出名。大家公认渐美第一队的队员能吃苦，脚板硬、肩膀强，干活不嫌累，因此大家给第一队的队员起了一个略带贬义的外号——铁蚂蚁。不过，第一队的队员行动听指挥，落实上级要求不折不扣，农业生产技能好，效率高，农作物产量经常高出别人一筹，因此收入也相对较高。照理说，第一队的小伙子名声在外，娶个媳妇不是难事，但是邻近村庄的老百姓深知就里，知道第一队的生产任务重，小伙子干活拼命，生活太苦，所以如果渐美人来提亲，女方都要打听是哪个生产队的。如果是第一队的，往往都会退避三舍，因此逐渐形成了一句俚语：有女怕嫁第一队。

不过，第一队的小伙子们以他们的勤奋、踏实、积极和肯干，依然打动了许多姑娘的芳心。时光过去了几十年，当年嫁到第一队的新娘，现在都成了渐美村的老大娘。谈起当年的事，她们还是觉得没有嫁错人。党的十一届三中全会召开以后，我们国家开始实行改革开放政策，农村悄然发生了变化。特别是施行家庭联产承包责任制，分田到户之后，农村更是发生了翻天覆地的变化。由于在生产队集中生产时打下了良好的耕作基础，第一队的队员们面对分到各自手上的田地，在耕作时都显得游刃有余，往往还有精力和时间发展其他生产，因此生活水平日益提高。回顾这一段历史，“有女怕嫁第一队”可谓只是一个小花絮。

回　眸

渐美难以忘却的人和事

在“风土海沧”民俗系列调查之际，调查组从厦门日报尘封的那些旧报道中，发现好几条关于渐美村的新闻报道。在当年要登上报纸，对于海沧所有村庄来说，都是很耀眼的事。渐美村却能够在报纸上经常出现，这不能不说是一种殊荣，是一份难以忘却的记忆，而且这些报道内容更印证了海洋与渐美曾经是不可分割的一段历史。调查组历经周折、费尽时间，从那些已经发黄发脆的报纸上面找出的那些至今仍让人感到十分亲切的历史报道，它无非已成为了一份对渐美村来说十分宝贵的乡土记忆。

海沧公社渐美大队党支部书记　陈亚婴
认真贯彻政策是做好工作的关键

认真贯彻执行党的政策，把党的政策变为群众的行动，这是做好一切工作最关键的一环。我对这方面的经验还不多，只能谈谈在工作中的一些体会。陈亚婴在接受采访时这么说。

首先，要树立坚强的政策观念，不折不扣地贯彻执行。在 1959

年时，由于对人民公社以生产队为基础的三级所有制缺乏正确认识，特别是关于积累与消费的关系问题，没很好地按政策办事，因而影响了社员的生产积极性。1960 年不同了，大队干部贯彻政策坚决，坚持少扣多分，全年分配全部兑现；“三包一奖”“四固定”也提早落实到各生产小队，并且还推行定额管理和评工记分。于是，社员干劲大增，出工从八点钟提早到七点，冒雨上山溶田、下海割海枷碇（肥田用）。割海枷碇 1959 年 3 月才开割的，而 1960 年 2 月就进行；溶田也比去年早得多。所以，有坚强的政策观念，任务就完成得快，政策就能变为群众的行动。

其次，要从实际出发，树立调查研究的作风。这点过去也是做得不够的。1959 年花生的种植未能根据因地制宜的原则，结果种得过密，长的都是花生藤，花生很小，产量不高，这是一个教训。今年不同了，从实际出发，根据因地制宜的原则，请教有经验的老农，共同规定密植尺度，这样一来，社员信心很大，干劲十足，他们说这样做一定超产。于是，本来要一礼拜才能完成整个大队的播种任务，现在三天就完成了。政策强调各种作物的产量指标，要建立在切实可靠的基础上，让社员有产可超。大队根据这一原则，进行了调查研究，分析主客观因素。例如，去年队里的早稻是因自然灾害减产的，因此就不能按上一年的产量来定产，而应该按正常年定下来；但是晚稻却不同，上一年有增产，就应该根据上一年的产量并留有余地制定，让社员有产可超。这样经过调查研究，和社员共同商量而订出来的产量指标才是符合实际的。在粮食作物问题上是这样，在其他副业生产问题上也是这样。如大队原来把 63 头母猪全部集中在第三和第四两个生产小队饲养，没有进行调查研究，不了解这两个生产小队的劳力和饲料情况，因此带来了一些损失，妨碍了母猪的生育与小猪的繁殖。经过调查研究，发现了这个问题后，大队就立即采取有效措施，除把母猪分开两个生产小队专门负责外，还分配一些到其他各个小队去，最近又根据需要和可能，给一部分社员养。经过这样一调整，整个大队母猪生长良好，几个月中就繁殖了 140 多头小猪。同时还鼓励社员私养，到目前为止，全大队平均每户私养猪头数 1.6 头。

最后，就是要放手发动群众，及时总结经验。我们支部干部在集体领导的原则下，采取分片包干，随时深入各小队检查，发现问题及时研究解决，并帮助总结经验，交流推广。如第一小队的蔬菜生产搞得很出色，我们就找其他四个小队的生产队长来第一小队对照研究，结果发现第一小队生产搞得好的原因，不仅技术水平较高，而且肥料充足，管理认真。其他小队回去后就立即采取措施，追加肥料、进一步加强管理，掀起蔬菜生产高潮，并在几天的时间内种上食堂菜 61 亩，商品菜 94 亩。

（原载厦门日报 1961 年 4 月 18 日第三版　郑镜明整理）

户户建基地　种用有计划　公私两兼顾　四季不缺料
渐美大队饲料充足六畜兴旺

本报讯　海沧公社渐美大队社员扎扎实实解决饲料问题，采取种、购、采、捞四结合，家家户户种植饲料作物，有效地保证了家禽家畜生产的迅速发展。全队四百户，平均每户养猪 1.6 头，鸡鸭兔 27.7 头，饲料现吃有余，储备充足。

渐美大队社员利用家庭辅助劳力饲养家禽家畜，已有多年历史，公社化三年多来，是全公社家禽家畜生产最好的一个大队。今年来家禽家畜发展更为迅速，据最近调查，在全队 400 户中，全都饲养鸡、鸭、鹅、兔，80% 养猪。在 1961 年 1 月至 6 月上旬的 5 个多月中，除宰杀自食和出售的外，目前全队生猪存栏还达 639 头，鸡、鸭、鹅、兔等存栏 11008 头，全队 400 户平均每户养猪 1.6 头，养鸡、鸭、鹅、兔等 27.7 头。这个大队社员家禽家畜生产能够发展得这样好，重要的经验之一是因为他们扎扎实实解决了饲料问题。

渐美大队的饲料问题是怎么样解决的呢？他们的主要经验如下。

分配饲料　公私兼顾

这个大队对社员发展家禽家畜生产，采取着多方支持的态度。分配饲料公养私养两兼顾。大队把全队可收获的各种饲料，定出公用私用的合理比例，分别按季、按月、按期分配给饲养家禽家畜的社员。在分配比例上，他们采取“四六开”，四成留为公养饲料，六成分配给有饲养家禽家畜的社员户。分配的时间根据不同饲料的收获期而定。如米糠是按月分给，每月全队碾米有 600 多千克米糠，按“四六开”将八百多斤分给社员。蔬菜叶则按蔬菜收成季节分配，今年 4 月份蔬菜大登场时，仅高丽菜叶、菜头尾就有 6.5 万多千克，社员分到了 3.9 万多千克。

种、购、采、捞　四管齐下

他们采取这种四结合的办法，广觅饲料。大队除指导社员在自留地和开荒的小量土地上种好饲料作物外，还由大队每天或两天派船一次到厦门酒厂代社员购买酒糟，每趟可运回来一千多斤，按原价售给社员。同时，运用这个大队近水旁山的有利条件，有计划地指导和组织社员利用假日和工余时间，上山采集野菜野草、下海捞海苔、到池塘里捞红萍、水浮莲和“日本水仙”等来作饲料。如在有海苔时，每逢假日，以社员自愿参加为原则，由大队借给船只，以生产队为单位组织到海上捞海苔。有的社员在一天假日里可捞七八百斤湿海苔。同时，帮助社员充分利用家庭辅助劳动力。因此这个大队饲养家禽家畜的社员户，有一半以上是以 50 岁以上老人、12 岁以下小孩为主要劳力。这些老人、小孩均非农业劳力，他们时间较多，就经常到坡地上采猪母菜、兔草，到池塘旁捞红萍、水浮莲等。由于门路广、办法多，所以保证了经常有充足的饲料。

家家户户　种植饲料作物

这个大队每户饲养家禽家畜的社员家里，都种植饲料。大队从全队土地面积中抽出 5% 的土地，分给社员作自留地；同时，允许社员开垦一定数量零星土地种植饲料。此外，社员还利用屋前屋后的荒废水潭放植水浮莲、“日本水仙”等。社员说：“家有饲料基地，就不怕牲口没有饲料吃！”他们根据家里饲养的牲畜来安排种植，大多是种地瓜、高粱和高产蔬菜等，既可供人吃又可作饲料。1961 年 4 月蔬菜登场时，全大队社员除收蔬菜出售和自食外，还剩下了各种菜叶 20 万千克作为饲料。做到每季都有饲料可收。

储备充足　四季无缺

在使用饲料方面，他们很有计划。各个季节收获的饲料品种、数量都有所不同。为解决饲料旺淡问题，他们认真抓好储备工作。在饲养家禽家畜的社员家里，家家户户都备有腌制饲料的腌缸。在饲料盛旺季节里，他们会对一时吃不完的或易烂的饲料，及时进行加工处理，有的晒干、有的腌制。由于计划用料，留有储备，所以几年来社员饲养家禽家畜都做到四季饲料不缺。目前，全队有饲养家禽家畜的社员，都储备半个月至一个月以上的饲料。

（原载厦门日报 1961 年 6 月 27 日第 2 版）

渐美公社依靠集体力量

三年多来大力筑海堤、修水利、改良土壤

三年连续增产，各业齐兴，由穷变富

中华人民共和国成立前农民感叹：“田地大海一片连，有收无收全靠天；龙王一怒万人殃，挖掉祸根待何年？”

公社化后社员歌颂：“公社增强抗灾力，修堤万米保良田，今日咱们有公社，人的力量胜过天。”

公社增强抗灾力　建堤万米保良田

本报讯　渐美公社共有 10 个自然村，包括渐美、钟山、温厝、东屿 4 个大队 37 个生产队。耕地面积 6600 多亩，西北紧靠三脚岭，多属冷水田；东南临海，多是咸质田地。由于 1/3 左右田地是围垦的海埭，每逢海潮侵袭，田地、作物常被淹没。据70多岁的老社员纪贵回忆，1940年一次狂潮侵袭，沿海一带田地受淹千亩，当年粒谷无收；因田地受咸，第二年还长不出作物，饿死许多人，农民成群结队逃荒外乡。当时农民感叹说：“田地大海一片连，有收无收全靠天；龙王一怒万人殃，挖掉祸根待何年？”中华人民共和国成立后，在初级社和高级社时期，农民断断续续修起几段拦潮土堤。但凭一社一队自己行动，力量单薄，资金短少，没有一处修得完整。各社也曾组织协作修堤，但因领导不统一，资金、劳力、受益等许多问题难以解决，时合时散，终修不成。1958年，公社诞生，公社巨大的集体力量，成为这里农民抗击灾害的有力靠山。公社化后，在国家大力支持下，公社、国家先后投资3万多元，公社抽调干部，统一领导，统一规划，根据各队受益情况，合理分担劳力，经过艰苦奋斗，东从东屿老山埭，西至温厝赤石村，沿滩建起一条长近万米、宽2.5米、高5米余的拦潮护田长堤，把2000多亩围垦海埭环围起来，同时，在堤内开了沟渠数千米长。由于三年多来田地极少受淹，只有1959年8月23日台风巨浪时被冲垮近千米，但公社力量大，仅用一周时间全部修复。受淹的九百多亩田地，也因及时引水冲洗，当年、隔年作物都增产。社员感慨万分，作诗赞公社：“公社增强抗灾力，修堤万米保良田；今日咱们有公社，人的力量胜过天！”

兴建水利改土壤　奠下增产好根基

三年多来，渐美公社还大力兴建水利，改良土壤。原来，全社有2000余亩是缺乏水源的干旱田地，只能种植地瓜等耐旱作物，在完成国家分配的经济作物生产任务上面，受到了一定的限制。为改变这种情况，公社投资2.2万余元，各队协作利用山形地势，兴建了龟山、湖堀、坑内等7个小型水库，又造水坝、开池塘20多处，受益2000余亩，许多旱地变良田。据统计，每年可节约2.4万多个抗旱劳动日，抗旱工具费用每年也可以节2000余元。水源解决，对保证完成经济作物生产也提供有利条件。1957 年，这里因无水源没有种蔬菜，现在已种 200 多亩，果蔗、生姜、芋头等面积也逐年扩大，品种不断增加。

围起海堤、兴建水利，田不再受咸，水有了保证，公社又帮助各队开展大规模改良土壤工作。东屿大队水田面积共有 270 余亩，其中有 235 亩是围垦海滩埭田，历来是低产，当时农民说："咸田咸田，耕作艰难，要争高产，比登天还难。"龟山水库筑成，不断放水流洗，减少咸份；公社同时又协助大队建造船只、车辆、增加运输力量，载运沙土，改良土壤。在公社的大力支持下，社员感激万分，发愤图强，日夜苦战，每亩咸田下了沙土 500 余担，青、杂肥六七百担，往后又结合耕耘季节，不断改良。产量逐年上升，全大队水稻平均年单产，由 1957 年 600 斤左右，提高到 1961 年的 1045 斤。温厝大队马垅生产队，大多是冷水田或烂泥田，耕作极难。1959 年，公社投资帮助兴建一条"改良河"，把四周积水引入河内，田能干能湿，又能提高地温，水稻年产量每亩平均达 1070 余斤。土壤经过三年多来的不断改良，全社已基本改造了咸质田，冷水田也只剩小部分。这个公社的 4 个大队都近海，海枷碇长年茂盛，是高肥效的肥料。三年多来，公社和各大队投资 4.2 万余元合建采肥船、运肥船 34 艘，每年可以采集海枷碇、海苔等绿肥 17 万担左右，从市区载运水肥 5 万多担，解决了全社 70% 以上的用肥，每年节约肥料费用 5 万多元。

因地制宜搞生产　各业齐兴穷变富

在发展生产中，公社根据国家计划，照顾各队土地、水利、劳力、技术、习惯等条件，兼顾国家和集体利益，因地制宜进行安排。例如，温厝大队农地多水田少，水利条件也较差，东屿大队历来都是以渔业为专长，农业较无基础，渐美、钟山两大队水田多，耕作水稻技术高，公社从实际出发进行安排，各得其所，各显其能，有利于生产。温厝大队种植 1600 多亩地瓜，平均亩产达 460 千克，比渐美、钟山等大队高一成左右。而钟山、渐美两大队水稻产量较别队高，提供给国家的商品粮最多，一年达 37 万千克。

渐美公社三年多来由于发挥公社的优越性，坚持贯彻政策，粮食三年连续增产。1961 年比 1958 年增长 65%。在发展粮食生产的同时，经济作物、渔业、畜牧等也全面发展，甘蔗、芋头等 7 项经济作物也有不同程度的增长。在渔业方面，不论淡水养殖或海上捕捞都有迅速发展，如东屿大队海上捕捞，1961 年年产量达 8 万千克左右，比 1958 年增长 10%。淡水养殖，队队都能做到自己繁殖，自己饲养，全社每年产量达 1.75 万余千克。生猪全社公养私养存栏头数有 1608 头，平均每户 1.5 头；鸡鸭等家禽平均每户 10 头。生产搞得好，社员收入也逐年增加，90% 社员余粮、存款，全社一片欣欣向荣的景象。

饮水思源不忘本　热爱集体理应当

公社给社员带来巨大好处，社员热爱公社，集体主义的思想不断成长。全社 2100 多个劳力，据不完全统计，90% 以上经常完成或超额完成劳动定额，出勤率经常达 95% 左右。“五好社员”“六好干部”也逐年增多。社员常说，积极劳动为集体，搞好生产支援国家，理所应当。三年来，公社为国家提供了商品粮 100 万千克左右和大量经济作物，咸、淡水鱼 17.5 万多千克，蚝肉 37.5 万千克，生猪 1000 头左右，是海沧地区完成国家生产计划、交售任务较好的一个公社。

（原载厦门日报 1962 年 1 月 26 日第 1 版【要闻】
渐美公社报道组、本报郊区记者站）

海沧公社渐美京口围垦工程完工
围垦工程面积六千亩，可耕面积约 5000 亩

本报讯　郊区海沧公社京口围垦工程，1660 米长的土堤，经过一年零三个月的紧张施工，目前已完成合拢闭气。

京口围垦工程是这个公社浉美、锦里、温厝、后井 4 个大队联合修建的。围垦海滩面积达 6000 亩，可耕面积约 5000 亩。

京口南北海堤建成后，还方便了 4 个大队及市郊的交通，又有效地保护了沿海 5 个大队 3000 多亩耕地，减轻台风的危害。

目前，围堤工程正转入土堤加高、加宽和块石砌坡。

（原载厦门日报 1979 年 8 月 19 日第 2 版
潘朝松、颜开川、林国湖）

海沧公社浉美等大队发展海上客运事业

本报讯　海沧公社沿海一些大队，添置机动船，发展海上客运。目前，每天有 14 艘满载乘客的机动船，穿梭往返于海沧沿岸至厦门之间。茫茫海域，变作日趋繁荣的通途。

随着农业生产的日益发展，城市开放贸易市场，海沧公社沿海大队的社员，迫切要求改善海上交通。去年下半年以来，浉美、前卫、锦里、东屿、温厝、石塘等大队，根据社员需要，陆续添置机动船，开辟嵩屿、东屿、浉美、石塘至厦门的航线。发展机动船客运，给社队带来两个好处：第一，缩短航时，方便群众。过去，这些大队海上客运沿用老式的帆船，遇到逆风逆流，帆升不了，橹摇不进，几千米海面，有时要航行两三个钟头，十分不便。改用机动船后，航行安全迅速，只用一二十分钟，就可以抵达厦门。第二，密切城乡交往，繁荣经济。每天凌晨三四点，社员肩挑蔬菜、水产品下船，运往市区贸易市场销售；然后，从市区挨家挨户收集泔水，运回乡下养猪，发展社员家庭副业。每艘机动船一天运泔水数十担。

沿海这些大队发展海上客运，既方便社员群众，又热情为过往旅客服务。近几年来，来往于嵩屿至厦门的旅客日趋增加，市公交公司每天四班汽船满足不了需要。从嵩屿开往厦门，每天最后一班汽船，是下午三时半启航，过了这个班次，旅客到了码头无不望洋兴叹。队办客运船，改变了这一窘况，热情接送迟归的旅客回市区。前卫、锦里大队的两艘机动船，夜泊嵩屿渡口，遇有急事要夜渡的旅客，便起舟过渡。

发展海上客运，增加了集体收入。每艘机动船除解决了三四个劳力出路外，大队一年还可得纯利两三千元。"靠海吃海"，沿海大队除发展渔捞、滩涂养殖外，发展海上运输，又是一门生财之道。

（原载厦门日报 1980 年 8 月 8 日第 2 版）

新班子上任有新招　渐美村逐渐美起来

郊区海沧乡渐美村新班子上任后使出新招，为村民办了三件事。

第一招：建一个高扬程抽水站

渐美村地势高，全村 1800 亩耕地有 1400 亩"望天田"。过去从海沧村引水，水路长，水费高。1983 年，由于引不到水，千亩良田几乎颗粒无收。群众盼水心切，纷纷要求村委会兴建抽水站。但是资金缺乏啊，老班子移交时的公共积累仅有 1000 多元，而建这个抽水站至少要 5 万多元。

为了筹备资金，今年初新班子在村委会门口贴出了告示，将村属的 25 口鱼塘让群众投标承包。这下群情踊跃，村民们纷纷要求承包鱼塘。当天，村委会就收到 3 万多元承包费，解决了一部分资金问题。接着，他们向上级反映，争取了 2 万多元兴建费，购买了工程所需的各种材料。村副主任、退休干部老陈负责现场施工；各村民小组分片包干，兴建高扬程抽水站的工程轰轰烈烈地干了起来。

第二招：新挖 500 亩鱼池

那是今年元旦（1985 年）过后的几天，村主任蔡憨哏和村干部到京口垦区转了一圈，只见几百亩海田耕不耕、渔不渔，水草丛生，一片荒芜。回来后，村委会决定鼓励村民们开发京口垦区的海田养鱼。通知发出一个星期后没人响应，十天、半个月过去了，还是没有动静。村委会一了解，原来农民们有顾虑，怕几千元、上万元投资下去，政策一变，全部报销。老蔡和村党支部书记许其庆、妇女主任等新老村干部决定带头干，他们联合挖池五十亩，用行动打消群众的顾虑。全村很快掀起了挖池养鱼热潮，短短几天，300 多亩废海田一下子变成了碧波荡漾的鱼池，另外 100 多亩低产田也退耕还渔。目前，鱼虾长势良好，年底即可见利。

第三招：组建一个建筑队

渐美村人多地少，滩涂有限，劳力过剩，隔海就是厦门特区。有的群众说："我们有力没处使，如果能支援一下特区建设该多好。"群众的呼声启发了村委会。老蔡想，特区建设需要人，要是能组织一支建筑队，开赴市区，不仅可支援特区建设，而且可以解决劳力出路，增加村里的收入。在他的倡导下，一支 150 人的建筑队成立了。为了保证建筑质量，他们聘请了专业技术人员，购进各种设备。目前，这个队业务饱和，质量稳定，在特区站住了脚跟。

群众高兴地说："有这样的新班子，我们渐美村一定会逐渐美起来的。"

（据厦门日报 1985 年 10 月 10 日第一版【要闻】
陈建智、吕国轩撰文）

许其庆秉公办事

郊区劳动模范、共产党员许其庆，是海沧公社渐美大队第一生产队队长。他当队长十几年，经常对家里人这样说："社员选我当队长，我要全心全意为社员服务。办事要公正，不能有半点私心杂念。"

有一次，他的堂弟找上门来，请他批一张条子，向队里预借

200 元办婚事。老许对堂弟说：“钱是集体的，不能随便批。你结婚需要钱用，可以另想办法。”堂弟借不到钱，生气地说：“队里可以借 5000 元给石塘大队，我借 200 元都不行，真是把人看扁了。”说着，气冲冲地走了。

堂弟走后，许其庆心里很不平静。他想：我唯有这一个堂弟，他要结婚，本应支持他。然而，把生产队的钱借给他结婚用，是违反财务管理制度的。我是队长，自己的亲属如不约束，怎么能说服别人呢？石塘大队春耕缺乏资金买肥料，经大队领导和银行领导批准，借给 5000 元，这是公事。堂弟结婚是私事，不能随意动用公款。想过之后，他和爱人商量妥当，把自己准备建房用的 200 元，送到堂弟家里去了。

（摘自厦门日报 1980 年 8 月 22 日第 2 版，蔡恙嚷撰文）

第二节　“吃海”的那段日子

追　忆

蚝仔蝇，加定籽

历史上，渐美是一个临海古村，由于那时海产并不像现在这样值钱，因此渐美村的经济相对落后。俗语说“靠山吃山，靠海吃海”，渐美村民从海里捕得的鱼获，较为值钱的，村民们往往舍不得吃，用它卖点钱，贴补家用；而自己吃的基本是廉价的，甚至是根本没人要的东西。渐美村前的大片滩涂是滋养一代又一代渐美人的重要基地。村民们曾经流传着一句俚语：“蚝仔蝇，加定籽。”蚝仔就是牡蛎，蝇普通话叫作“海蜇皮”；加定全称是“海加定”，简而言之就是“红树林”。由于渐美滩涂的红树林能够开花结籽，所以红树林籽也叫作“加定籽”。

蚝　仔

蚝仔是渐美人对牡蛎的通俗称呼。千百年来，渐美养殖牡蛎采取的是一种非常传统的石蚝养法。初始时，需要在海水退潮之后，再把一种高约 1 米、宽约 20 厘米、厚度七八厘米的条石，架到海水涨潮时能够淹没这些条石的滩涂上。五六条条石加成一垛，称为“蚝垛”。滩涂架上蚝垛之后，蚝苗会自然地依附在条石上。自此，每年在蚝苗成熟的季节，都可以在这些蚝垛上采蚝。现在，养蚝多用吊养，虽然产量高，但是口感和质量却远远不如蚝垛上生长的蚝。由于渐美历史上的天然环境和基础条件，蚝的产量非常高，但经济价值却较低，一斤剥好的蚝卖不了几个钱。因此，一些经济贫困的农家用它来做家常的下饭菜。

蚝垛产蚝过程：当蚝垛造成之后，天然的潮汐会带来蚝苗，附着在蚝垛上。只要苗量合适，可以任其自然生长，不需要进行任何管理，直到收获。不过这也绝不是一劳永逸的，如果遇到台风和大海浪，蚝垛有时候会坍塌，需要人们再去将其扶起架好。蚝垛上有时也会产生其他附着生物，也需要时不时地清除掉。

渐美村产的石蚝在水产学上属于褶蚝这一类。褶牡蛎，俗称蠔、蚝、白蚝、海蛎子、蛎黄、蚵。褶蚝因外形皱褶较多而得名，蚝是软体有壳，依附寄生的动物，咸淡水交界所产尤为肥美，渐美的滩涂恰恰就具备这样的条件。

专业人士介绍，褶牡蛎为雌雄异体的种类，卵生型，在它们的生殖腺中不能同时产生精子和卵，褶牡蛎精子和卵都是排到海水中受精孵化的。褶牡蛎产卵的数目很大，卵生型的更大。幼生型的一个雌体，在 15 分钟的时间内，能产出数十万粒卵。而卵生型的一个雌体，在同样时间内就能产出数千万粒。这种繁殖方式保证了后代的繁荣。褶牡蛎的产卵季节随着种类和地区的不同而略有不同。一般在夏季，蚝产出大量的卵和精子，渐美人对它们的习性非常了解，把这种现象称为“漏瘦”。这个时候，食用蚝就会口感稍差，品尝惯美味的渐美人一般不吃。

初夏时节，蚝受精后，受精卵便逐渐发育，经过担轮幼虫和面盘幼虫期，最后变态成成体。这时若遇到适当的环境，它们就开始附着，变态成为成体，终生过固着式的生活。有趣的是，雌雄异体类型的牡蛎有性转变的情形。在一定的环境条件下，它可以转变雌雄性，如果第一年是雄性，产生精子，那么到第二年它可以转变为雌性，产生卵。

改革开放之后，渐美村的许多滩涂逐渐变为陆地，已经不再具备养蚝的条件。这时，人们才逐渐懂得用当代的眼光来看待蚝，它已经成为有重要经济价值的贝类，肉味鲜美、营养丰富。营养学家还做了精细的研究，发现每 100 克蚝肉含蛋白质 11.3 克、脂肪 2.3 克及丰富的维生素、微量元素锌、灰分和降低血清胆固醇的物质。不仅如此，蚝还可速冻、制罐头、加工蚝豉和蚝油，蛎肉还有一定的药用价值。《本草经疏》:“牡蛎味咸平，气微寒，无毒，入足少阴、厥阴、少阳经。其主伤寒寒热、温疟洒洒、惊恚怒气、留热在关节去来不定、烦满、气结心痛、心胁下痞热等证，皆肝胆二经为病。二经冬受寒邪，则为伤寒寒热；夏伤于暑，则为温疟洒洒；邪伏不出，则热在关节去来不定；二经邪郁不散，则心胁下痞；热邪热甚，则惊恚怒气，烦满气结心痛。此药味咸气寒，入二经而除寒热邪气，则营卫通，拘缓和，而诸证无不瘳矣。少阴有热，则女子为带下赤白，男子为泄精，解少阴之热，而能敛涩精气，故主之也。”只是，渐美村的一些老人对于蚝的这些优点不以为然，他们只记得蚝是渐美经济贫困人群的最普通和最便宜的食物。

蝭

除了牡蛎，海蜇皮也是闽南沿海一带常见的海产品之一。渐美人把对海蜇皮叫作“蝭”。如今，海蜇被称为“水母”“石镜”“蜡”“樗”“蒲鱼”“水母鲜”等。据专家介绍,海蜇属钵水母纲，是生活在海中的一种腔肠软体动物，体形呈半球状，可食用，上面呈伞状，白色，借以伸缩运动，就是我们通常说的海蜇皮。下有8条口腕，其下有丝状物，呈灰红色的，叫海蜇头。

根据渐美老人们回忆，过去海沧的海蜇，伞部隆起呈馒头状，大的直径可达50厘米，甚至还有更大的。通常一般可达20~30厘米。每年夏秋季节，渐美的滨海地带随时可见，最多时浮成一片，一下子可以捞上几十斤。一些老人还回忆起当年见到海蜇的情景：海蜇水母体在海洋中浮游，姿态优美，喜欢栖息于近海水域，尤其喜欢栖在河口附近。海蜇多的地方水深一般在3~20米，每逢水温13℃~26℃，盐度12‰~32‰时，海蜇就会大量聚集，特别是海蜇喜欢弱光环境，在静水浮游速度每分钟4~5米，风向、风力海流和潮汐等因素对海蜇的水平分布具有明显影响。

海蜇是生活在近海营浮游生活的暖水性水母，自泳能力较弱。海蜇靠发达的内伞环状肌有节律地伸缩，挤压下伞部的海水而获得前进的动力，依伞顶部的方向作缓慢游动，随波逐流。它们喜栖息于半咸水、底质为泥、泥沙的河口附近海域，渐美一带的滩涂就是这样一种环境。海蜇在风平浪静、多云、阴天或黎明、傍晚，一般都浮在水的上层或表面；遇有大风、强光照射或夜晚则活动于水的下层。海蜇的中央口及口腕基部愈合，依靠口腕和肩板上众多的吸口及其周围的触指上的刺细胞捕吸食物和防御敌害。海蜇主要以小型浮游甲壳类、硅藻、纤毛虫及各种浮游幼体等为食。它有很强的再生能力，幼蜇切除口腕后，一周即能再生。其螅状体切成数段后能形成多个生长正常的螅状体。海蜇的肩板和口腕周围常有水母虾和玉鲳共生，当有敌害接近时，虾立即躲入其内，引起海蜇伞部收缩，瞬间潜入深水，逃避敌害，但是这种景观已经一去不复返了。

人们早就知道海蜇是可食用的，但是它是一种咬人不见血的动物，不小心被它一蛰，可不是那么好受的，甚至还有危险。当地人称为“发癀”。但是，海蜇皮腌制为成品后，味咸、性平。过去，渐美村附近的海域受污染少，水质较好，海蜇大量繁衍。海蜇一直是高产低销，多数家庭只得拿来自家食用，没有想到海蜇拥有极高的营养价值。海蜇含有人体需要的多种营养成分，尤其含有人们饮食中所缺的碘，以及类似于乙酰胆碱的物质，有扩张血管、降低血压、清热化痰、消积化滞、润肠通便之功效。渐美人长期食用海蜇，故而少见有高血压之类的疾病。如今，凉拌海蜇皮依然是饭桌上一道香脆可口的小菜，调味的手段也不断丰富，以前渐美人只是用蒜蓉和酱油来蘸海蜇，现在则是五花八门的，甜酱、孜然、糖醋等不一而足，但是不少渐美人还是喜欢纯天然的味道，只蘸蒜蓉和酱油。

加定籽

渐美村的老人记得，一直到20世纪80年代末，渐美村口的滩涂仍然保留了大片的“红树林”。只是渐美人不知道现在所说的红树林不过就是他们所说的“海加定”而已。

现代植物学认为，红树林指生长在热带、亚热带低能海岸潮间带上部，受周期性潮水浸淹，以红树植物为主体的常绿灌木或乔木组成的潮滩湿地木本生物群落。由草本、藤本红树等组成。其生长于陆地与海洋交界带的滩涂浅滩，是陆地向海洋过渡的特殊生态系。不仅如此，红树林也指热带、亚热带海湾、河口泥滩上特有的常绿灌木和小乔木群落，突出特征是根系发达、能在海水中生长。红树林具有呼吸根或支柱根，种子可以在树上的果实中萌芽长成小苗，然后再脱离母株，坠落于淤泥中发育生长，是一种稀有的木本胎生植物。

曾经在红树林丛中抓鱼、抓蟹的渐美人回忆说，渐美的红树林应该是属于灌木类。渐美人对当代认为红树林的突出特征，如根系发达、能在海水中生长有固堤防浪等功能深信不疑。1986 年，中国广西沿海发生了近百年未遇的特大风暴潮，合浦县 398 千米长海堤被海浪冲垮 294 千米，而凡是堤外分布有红树林的地方，海堤就不易冲垮，经济损失较小，人们感受到红树林是保护神。在 2004 年 12 月 26 日印度洋海啸中，红树林的优异表现让红树林“海岸卫士”的盛名在全球远播。海啸袭向周边 12 个国家和地区，死亡 23 万人，而印度泰米尔纳德邦的瑟纳尔索普渔村——距离海岸仅几十米远的 172 户家庭却幸运地躲过了海啸的袭击，关键就在于这里的海岸上生长着一片茂密的红树林。由此可见，红树林消浪带是构筑海岸防护林体系的首选防线。

渐美人也是红树林作为海岸卫士的见证者。他们记得，当年渐美的红树林在未被破坏之前，旺盛之际可以用一望无际来形容，少说也有三五千米的林间带。历史上，渐美年年都可能遭遇台风，不过大小不同而已。但每次台风带来的狂风巨浪，对于渐美的自然海岸都没有造成太大的破坏，现在回想起来的确是红树林之功。不过，与渐美人生活密切相关而且留下深刻印记的，则是他们的盘中餐——红树林籽，也叫“加定籽”。

红树林籽在闽南方言里被称为“加定籽”。根据资料介绍，红树林是一种胎生植物，应该不会开花结籽的。然而，渐美村的红树林是可以开花结籽的，而且还成了好几代渐美人的盘中餐。可见，资料是具有片面性的。难怪古人感叹，“纸上得来终觉浅”。

据当地老人介绍，红树林一般在农历的六七月间开花，花有红有黄，花期不长，花萼落尽之后，就开始结籽。通常农历八九月间就可以采籽。红树林籽呈倒扣型的小铃铛状，大约只有花生大。其腌制方法也简单，通常是将红树林籽采来之后，用开水烫过，然后泡一两天的米水，在太阳下晾干，用小瓷缸在底部铺上一层盐，下一层红树林籽再铺下一层盐，直到塞满为止。然后，用盖子盖紧，两三个星期后再来食用。普通人家用它来熬制稀饭，味道实际上并不怎么样，就像闽南人常腌制的咸油柑，又苦又涩，只是食后回甘。渐美人一般是海蛎吃腻了才吃加定籽，吃得过饱了也含一两颗加定籽。家里没钱买鱼肉和青菜的就吃加定籽。而现在，人们则利用红树林籽和盐进行腌制，形成了特色的美食。它不仅是消食佳品，而且还是时尚商品。现代科学证明红树林籽富含丰富的氨基酸，有健体补虚、增强免疫力之功效。不过，在当地人眼中，加定籽毫无经济价值，不过是些寻常食品罢了，早已见怪不怪了。

红树林的籽为处于饥饿年代的渐美村民提供了粮食的补充，而它的枝叶则为渐美村的农业生产做出了巨大的贡献。在那个化肥紧缺的时期，村民们经常到海里砍伐红树林，然后历尽艰辛把它们挑到农田中进行沤肥，为庄稼的生长提供肥料。年复一年，日复一日，渐美村周边滩涂上的红树林逐渐减少，直至不复存在。

第三节　滩涂的海产品

广　角

对渐美人来说，这处古村的滩涂上，不仅拥有供日常食用的“蚝仔、蛽、加定籽”，还有许多让人们留下深刻记忆的海产品。在失去海滩的渐美人记忆中，这样的海产品更有挥之不去的儿时印象。

土　龙

土龙，水产学科名“波露豆齿蛇鳗”。它不仅是时尚美食，而且也是稀缺海产，与章鱼、土笋冻一道并称“海沧三宝”且位居首位。尽管土龙价格昂贵，但是对渐美人来说则司空见惯，不足为奇。土龙生活在滩涂稀松的土壤中，行动敏捷。传说唐朝时代，土龙已被人们列入中药药材。

在渐美一带的民间说法中，人们认为土龙能强筋壮骨，因此凡是摔伤、骨折、筋骨酸痛必定想到要吃一帖“药膳土龙”或喝一点“土龙药酒”。在渐美的食俗中，家人总会为媳妇或女儿浸一坛土龙药酒以备坐月子时得到最好的滋养。

当地老人还讲述了土龙的故事。隋炀帝开凿运河，奴役人民沿着运河两侧拉船，极尽奢华享乐之能事。一个当地官员与一个方士上船求见隋炀帝，告知在出海口的淡水与海水交会之处出现了一形似蛇体的爬虫，行动快速，出没无常，不易捕捉。然据方士所言，该物为男性之补品，究其以形补形，炀帝龙颜大喜，遂将其命名为“土龙”，令太医搜罗天下奇药浸酒泡制，并且将土龙配药研制粉末，作为皇朝滋阴补肾食补之最佳圣品。后来，运河边上的土龙被抓殆尽，完全绝迹，而土龙由此却出现在南方沿海的滩涂地带。

土龙的生命力非常顽强，就算一大段时间不去喂食，它照样活得好好的。还有更神奇的事例：普通鱼类捞上岸，将其丢弃岸边，隔天就会腐烂发臭，但土龙只要不给它喂食，让其肚内空空，将其抛弃岸边多日，也不腐烂，正因土龙有这么些强力的特征，坊间将其药用及食用效果吹得神乎其神。按渐美人

土龙

的说法，土龙的功效就像能打通任督二脉的内力真气，能使人活血化瘀，气血两通！

渐美人对土龙有深刻的认识，老一辈的村民还记得捕土龙需要真功夫。一般捕捉土龙需要有一柄代代相传的特殊鱼叉，用旧了就重新打造。必须远去他乡，找个生疏的打铁师傅，叫他立即仿制一二柄，同时立刻带回，且不再找同一师傅打造，以免鱼叉的特殊设计被盗学。捕土龙要看潮水、天气和风向。在退潮的沙滩寻找土龙洞，看四下无人时用独特的手法将土龙由泥穴中挖出来，因此土龙必然会留下鱼叉的伤痕。这也是土龙出售时一定体无完肤的原因。渐美的谢先生就说，土龙不受伤，根本是做不到的。

在土龙价格昂贵的时候，需要辨别真假。渐美人记得，同样在滩涂上有一种叫作“赗”的食蟹鳗，样子极像土龙，但其活力无法与土龙相媲美。市面上许多人都把它当作土龙来卖。老一代的渐美人一眼就能认出真假土龙，而现在渐美与海渐行渐远，年轻一代的渐美人经常买到假土龙，回家则被老一辈人笑话。

跳跳鱼

跳跳鱼，又名“弹涂鱼”“土猴”。每逢海水退潮露出滩涂的时候，跳跳鱼就会整齐地出现，甚至成群地跳到岸上来，这是渐美滩涂最常见的景观。在渐美滩涂，常见的有两种跳跳鱼，一种身上有点的，属于正宗的，这种跳跳鱼肉多骨少；另一种人们不叫它跳跳鱼，而是叫它“孔锵”，形容它不属正类，因为这种鱼身形瘦小肉少骨多。在外人看来，两种鱼几乎一样，可渐美人一眼就能看出来。

跳跳鱼是鱼类中的天才，它们一生大多数时间都不在水里度过。而是居住在渐美长满了红树林的地带。它们把腹鳍用作吸盘，用来抓住树木，用胸鳍向上爬行。跳跳鱼的鳃的周边长有小口，可以盛

跳跳鱼

住一次呼吸的水，就像我们能屏住一次呼吸。它们爬上树，能在涨潮时待在水域外。跳跳鱼可利用其胸鳍和尾柄在海滩上爬行和跳跃，皮肤和尾巴可作为辅助呼吸器官，能较长时间露出水面生活，对恶劣环境的耐受能力较一般鱼类强。该鱼有钻孔栖息的习性，其孔道至少有两个口，一个是正孔口；一个是后孔口，正孔口较大，孔道不甚规则，一般为“Y”字形，深浅随土质而异，可深达 50~70 厘米。跳跳鱼一般独居，在春夏繁殖季节也可在孔道中产孵。

退潮后，跳跳鱼常常要面临着被鸟和各种陆生哺乳动物捕食的危险，地下洞穴则为它们提供了安全的环境。涨潮后，跳跳鱼可以躲到自己挖的洞穴内以躲避到浅海滩来觅食的各种食肉鱼类的攻击。除了作为避难所之外，跳跳鱼的洞穴还可用做抚育室。洞穴对于跳跳鱼的安全至关重要，但是跳跳鱼的洞穴同样也面临着危险——洞里的水体常常严重缺氧。因此，雌鱼和雄鱼会不断地轮流吞食空气，将其注入它们的洞中，以便建造一个地下空气包，缓解氧气不足的状况。

每到春季，雄鱼就会寻找合适的地面划分各自的势力范围，然后在泥地上挖一个 0.6 米深的洞。洞呈 J 字形（有时它也会挖一个有两个进口的“Y”形洞）。洞内上面较低的那一层是它的产卵室，用来储存它们的卵。挖好洞后，雄鱼就开始四处寻找配偶。退潮后，雄鱼开始在雌鱼面前跳求偶舞，以此来引诱雌鱼。为了增加诱惑力，雄鱼常常将身体从土褐色变成较浅的灰棕色，以此与黑黝黝的泥土形成反差。每条雄鱼都试图将即将产卵的雌鱼引入自己的领土范围，进而在将其引诱进它的洞穴。雄鱼为了引起雌鱼的注意，通过往嘴、腮腔充气而使其头部膨胀起来。同时，它还通过将背弯成拱形，竖起尾鳍，不断扭动身体这些挑逗性动作来引诱雌鱼。如果另一条雄鱼来到跟前，它会更加卖力地表演，以免它的“意中人”被别人抢去。在此期间，每隔一段时间它就要停下来，看看对方是否已对它失去了兴趣或落入它的竞争对手的手中。然后，这位“求婚者”钻入它的洞中，迅速地再钻出来，以此来引诱雌鱼。它似乎在向雌鱼传达这样一个信息：进来吧，这里是你温暖的家。如果雌鱼还是犹豫不决，它会不断地进进出出，直到雌鱼禁不住诱惑而钻入巢中。雌鱼一旦进入它的巢穴，雄鱼会以极快的速度回到洞口，用一块泥巴堵住洞口。

跳跳鱼产卵的季节，也是捕捉最丰盛的时机，渐美人吃跳跳鱼别有一招。先把豆腐和凉水放入炖盅内，然后把洗净的活跳跳鱼放进去，盖好盖子灶下生火，然后慢慢加温。这时，在盅内的跳跳鱼感觉到水温的提升，就钻进比较冰凉的豆腐中，但它们再也钻不到外面去。最后，跳跳鱼和豆腐融为一体，这的确是一道非常有特色的美食——跳跳鱼钻豆腐。可惜的是，渐美滩涂没了，再也见不到跳跳鱼了。

步　蛙

步蛙是一种生活在滩涂、外形似小螃蟹的生物，对老一辈渐美人来说再熟悉不过了。因为它极为常见、产量极大、价格低廉，是“下里巴人”的食品。步蛙也有一个令人感到生僻的学名，叫“螯蜞”。不少渐美人小时候都捉过，但如今的年轻一代就不清楚什么叫步蛙，既没听过也没见过。

步蛙（一）

步蛙是一种淡海小型蟹类。当年，在渐美的滩涂上，到了盛产时节，一眼望去就是一大片。有时也会到在农田河边或者河道沟渠，它是十分接地气的一种生物，但是现在已经看不见了。

步蛙（二）

历史上，浙美是农产品价格贵，水产品价格贱。因此，浙美人会捕捉步蛙来制作“蟛蜞粥”，滋味令人回味无穷。

步蛙雄性螯足较大，雌性螯足较小。螯足没毛，步足有毛，喜食滩涂中的有机质，也用螯足钳断稻叶吸取液汁。它们钻洞能力很强，行走速度快。

与一般蟹类不同，步蛙善于攀爬红树，甚至经常会爬到树梢上。以前，浙美人腌制步蛙还留下了一手绝活，就是用盐、酱油、辣椒等佐料，将步蛙砸成酱，然后下佐料腌制，可以下饭，也可以配菜。用它蒸猪肉，尤其是蒸透明的肥猪肉，会散发出异香。而今，蟛蜞咸虾酱已成了稀罕之物，一部分饭店也会制作，香气十分淡薄，不复昔者之浓厚矣。

除在做酱之外，浙美人还留下了另一道绝活，将雌步蛙放入大酒瓮中用酒淹死后，用手把蟹盖掰开，挤出点点腹中籽，没有一两千只活体休想挤出一盆鲜“虾辣春（籽）”来。几个农妇折腾了半天，无不手损指破。此等天物堪称浙美第一美食、顶级农家菜精华，鲜美之口福非海鲜、河鲜可比，静默中细嚼之，嘴内碎开之声有如天籁，直道是人间佳肴。

浙美人记得，蟛蜞秋冬季节成熟，家中捕来制成蟛蜞酥、蟛蜞酱。它们也有被小孩钓来玩的，用绳缚着放于地上。蟛蜞嘴中便冒出白色泡沫，好像锅中煮饭。因此，小孩嘴里唱道：“蟛蜞煮饭给囝吃，囝去街中做乞食……”过去浙美滩涂边有不少蟛蜞，钓蟛蜞是当年小孩的一大乐趣。有些老人儿时还和同伴们玩过钓蟛蜞比赛，至今还记忆犹新。

招潮蟹

除了盛产步蛙之外，渐美滩涂还盛产一种类似的蟹类叫作“脚仙”，学名叫“招潮蟹”。它有一对火柴棒般突出的眼睛，眼柄细长。在觅食时，两只眼睛高高竖起，观察周围动静，一旦发现情况，就迅速撤离。雄蟹的最大特征就是大小悬殊的一对螯，大的那只称交配螯，颜色鲜艳，有特别的图案。重量几乎为身体的一半，长度为该蟹甲壳直径的三倍以上。小螯极小，用以取食，称取食螯，用以刮取淤泥表面富含藻类和其他有机物的小颗粒送进嘴巴。如果雄体不幸失去大螯，原处会长出一个小螯，原来的小螯则取而代之长成大螯，发挥相同的功能。雌蟹的大小和形状跟雄蟹差不多，但是两螯都相当小，而且对称，指节匙形，均为取食螯。雄的颜色较雌体鲜明，颜色包括珊瑚红、艳绿、金黄和淡蓝色。

渐美人对招潮蟹观察细致，他们发现招潮蟹的雄蟹具有在涨潮时舞动大螯的标志性动作，这一动作蕴含着多种意义：如警示作用，如果一只雄蟹走近别家地盘，“地主”便会摇动大螯，作为警告信号；或者会用大螯在自己的甲壳或淤泥地面上拍打，通过声音发出警告。大螯有时也是求爱工具，数种招潮蟹会利用拍击声吸引雌蟹进洞。如果两只雄蟹争夺地盘或异性，大螯便成为有力的搏斗武器。首先，雄蟹将其向着对方屈曲和伸展数次。随后，半曲着螯突然逼近对方。双方大螯交接，互相摩擦着的下半部边缘立刻以掌节扣紧。这个时候，搏斗变成角力，直至一方将另一方从地上扯起，扔到一旁，才分出胜负。

招潮蟹

交配前，雄性能挥舞大螯作各种炫耀表演，招引雌性，在潮间带活动时似召唤潮水，故名招潮。随之，雌性则追随雄性进入洞穴进行交配。在夜间，雄性常用大螯有节奏地轻叩地面，以招引雌性。由于招潮蟹个头仅和步蛙一样大小，而且甲壳较硬，因此不是受欢迎的美食，人们常常把它抓来喂鸭子。

虾　蛄

历史上，虾蛄是一种非常廉价的海产品。对渐美人来说，他们对虾蛄是极为不屑的。虾蛄多穴居，常在浅海沙底或泥沙底掘穴，穴多为“U”字形。口足类动物为肉食性，多捕食小型无脊椎动物，这类动物能以尾肢摩擦尾节腹面或以掠肢打击而发声。

当代城市人吃虾蛄，只知道它肉质鲜美，却不知它性情凶猛。由于善于游泳，因此其猎物大部分为不善于游泳的生物，包括各种贝类、螃蟹和海胆等。它们能够轻易地破坏猎物的外层硬壳，享用里面的肉。

渐美村的许先生提到，虾蛄非常善于打埋伏。强烈的攻击可将敌人置于死地。披着钙化装甲的龙虾、立着脚尖悄然路过的螃蟹，也经常成为虾蛄的攻击对象。虾蛄两个锤节的猛烈打击可以破坏蟹的神经系统并使它当场毙命，它会用头下带倒刺的臂飞快地刺向食物，犹如螳螂一般。一种有掌节的虾蛄更厉害，由于虾蛄体重较轻，其保护装置已进化得足以抵御连续不断的打击，就像古罗马的角斗。战斗时，它们躲在由卷曲的尾巴做成的盾牌后面，以躲避敌人的攻击。虾蛄极为好斗，而且常常表现得无所畏惧。它能抓住比它身体大10倍、重10倍的头足类动物。章鱼等头足类动物若是要捕捉它，会先找到一个裂缝藏起来，小心翼翼

虾蛄

地接近虾蛄的巢。鱼类是它们的主要敌人。在露天地带被抓住后，它们总要进行斗争，在猎手嘴里挣扎的虾蛄极难咽下去，最后也大多被原封不动地吐了出来。

这种聪明的海洋生物长着一对强大的夹子，在发动攻击时相当有力，可击碎玻璃，甚至夹断人的指头。因此，渐美人在捕捉虾蛄时，一般是把它逼出洞穴，它受到惊吓时，会缩成“U”字形，然后从它的背后来捕捉。

浒 苔

浒苔，渐美人常常读为“虎啼”。由于十分臭贱，随便驾船到浅海中一捞就有百十斤，有时候人们会用专船捞上几千千克的浒苔来闷成肥料，“真是把好东西糟蹋了”。渐美专用捞虎啼的船，过去就叫作“虎啼船”。

浒苔由单层细胞组成，围成管状或粘连为带状。它属于无性或有性生殖的藻类，管状膜质，丛生，主枝明显，分枝细长，高可达 1 米，繁殖非常快。有些浒苔基部以固着器附着在岩石上，生长在中潮带滩涂、石砾上，有些则是漂在海中就能自然生长。

浒苔藻体直立，管状中空或者至少在藻体的柄部和藻体边缘部分呈中空，管状部分由单层细胞组成。藻体单条或有分枝，呈圆柱形，有时部分扁压。藻体基部细胞生出假根丝，向下形成固着器。每个细胞有 1 个细胞核、1 个片状叶绿体，常有 1 个或者多个蛋白核。营养繁殖时，藻体断裂形成新藻体。无性生殖是形成顶端有 4 条鞭毛的游动孢子。有性生殖为同配或者异配。一旦有

苔条

合适的条件，它们就会以惊人的速度不停地繁殖，所以渐美人才把它叫作“臭贱”。

科学研究显示，浒苔富含碳水化合物、蛋白质、粗纤维、氨基酸、脂肪酸、维生素和多种矿物质。浒台的铁含量不仅在中国食物营养成分表上为我国食物之最，同时还含有脂肪和维生素。在浒苔的蛋白质中，氨基酸种类齐全。其中，缘管浒苔的限制氨基酸为赖氨酸，氨基酸评分为 79；条浒苔的限制氨基酸为蛋氨酸，氨基酸评分为 80。在浒苔的脂肪酸组成中，多不饱和脂肪酸、单不饱和脂肪酸和饱和脂肪酸的含量分别为 50.5%、12.7% 和 36.8%，还包括近 4% 的奇数碳原子脂肪酸。浒苔是高蛋白、高膳食纤维、低脂肪、低能量，且富含矿物质和维生素的天然理想营养食品的原料。浒苔可以食用，新鲜苔条晒干后可以吃，把它切碎磨细后，撒在糕饼点心中有一股特殊的香味。在过去，谁也没有想到浒苔居然是这么有营养的食品，一般除了作肥料之外就是用于喂猪，偶尔也用来作为食品。把它晒干之后就像一张毯子一样，它的价格十分低廉，一斤只值一两角钱，等现在人们知道了它的价值，浒苔也已经难以寻觅了。

在粮食缺乏的过去，渐美人还有人把苔条拌入面粉中作苔条饼，既能增色又具独特的清香味。每年农历三月初三（三月节）祭祖，渐美人都做薄饼，浒苔是不可或缺的配料。因为它既香脆又有吸汤的作用，所以只有在薄饼上人们才会积极地发挥它的作用。

石　花

“石花草，是好货，连洗五六遍，石花香咄咄。”这曾经是渐美村的童谣，意思是那石花草长在礁石上。大家都知道它是个好东西，但是采摘和制作却不容易。因为石花草的表皮像一层外衣，不把它磨除掉，石花就不能出浆，也就熬煮不出石花冻。石花草生长于潮间带礁石上，具有清热消暑之功效，富含天然胶质及多种矿物质，属天然养颜品。

对于大多数人来说，石花是一种难忘的清新、爽口的夏日美食，而对于海边的渐美人而言，采海石花，晒海石花，闻着海石花味，看着海石花结冻，石花留下了各种各样的记忆。

石花草晒干后可以存放长久，平常沿海人家都会将其熬煮后来吃。因其中含碘量高，对甲亢有疗效，夏天更有降火气的功用。

由于石花冻能在肠道中吸收水分，使肠内容物膨胀，增加大便量，刺激肠壁而引起便意，所以经常便秘的人可以适当食用一些石花菜。石花菜含有丰富的矿物质和多种维生素，尤其是它所含的褐藻酸盐类物质具有降压作用，所含的淀粉类硫酸脂为多糖类物质，具有降脂功效，对高血压、高血脂有一定的防治作用。中医认为石花菜能清肺化痰、清热燥湿，滋阴降火、凉血止血，并有解暑功效。

熬煮石花草可不容易，一般煮开后，在电炖锅内还要煮三小时，一直到煮出来的都是淡褐色的黏稠液体，说明出浆状态良好。此时，加入几滴醋，更有助于结冻。可惜的是，现在渐美年轻一代人都吃不上自家原有出产的石花了。有时候市场买的是假石花，虽然看起来像石花冻，但却是用琼脂煮的，毫无石花特有的功效。

鲎

鲎曾经是一种廉价的海产品。渐美人都知道鲎从来不以斤两算，而是以一对算，一只的鲎大家都不买。如果买上一对，无非就是块把来钱。鲎在渐美留下了不少俗语，如形容一个人动作迟钝、做事缓慢就叫“鲎脚鲎摇”；好好的事情做糟了，就叫“好好鲎刣得屎那流”。

鲎体长可达 60 厘米，体重 3~5 千克。它由三部分组成：头胸甲略呈马蹄形（故名“马蹄蟹”），腹部呈六角形两侧具棘刺，尾部是一根长的尾剑。这把尾剑很厉害，遇到危险它可横扫也可直刺，相当有力量。如果有人不小心被打着、被刺着那可不是闹着玩的。

鲎

鲎生活在浅海沙质海底，肉食性动物，取食环节动物和软体动物等，有时也取食海底藻类。浙美海边的鲎，学名叫“中华鲎”，生长周期长，需要近 13 年才能完成繁殖。但每逢夏季，鲎经常是成群结队地出现，而且是两只一对，经常是吻合一起，所以浙美人有“孤鲎不抓”的说法。

鲎的生殖能力惊人，一只母鲎可以产出几万个鲎卵。鲎卵孵化之后，小鲎仍经常会爬满一大片海滩。有些人随手一抓，拿回来给小孩子玩，但只是玩玩而已，因为没有办法喂养。鲎的血液因含有铜离子而显示蓝色。在宰杀鲎的时候，浙美人把鲎卵伴在鲎血中，煮出来成了豆腐状的一块，可以切片来吃，口感胜过现在的鱼籽。

科学家研究证实，鲎是一种古老的生物，早在 3 亿多年前的泥盆纪就生活在地球上，至今仍保持其形态，堪称海洋里的远古遗民，在原始鱼类刚刚问世、恐龙尚未崛起之时，就存在着鲎。虽经数亿年的沧桑之变，但该物种依然如故。现在，鲎变得金贵了，以前浙美人寻常可见的鲎现在也变得难得一见了。

相孔掘章鱼

50 多年前，筼筜港美仁宫后保一带有名的章鱼师傅，白天掘章鱼，晚上就在二市路口摆小吃摊卖熟章鱼，老厦门潇洒地称为“切章鱼”。他天生残疾，一支小腿萎缩，走路不免两肩轮流高低。但是到了海里，有一支海锄头可以给他当拐杖用。他在半软不硬的滩涂上一撑一跃，竟是行走如飞。赏笃港从尾头山到盐场的涂坪，是他的“专属经济海域”。退潮时候，总见他杖着海锄头，寻寻觅觅，寻找章鱼穴。

渐美流传一句俗语“相孔掘章鱼”，意思是做事要找诀窍。章鱼的学名“真蛸”，软体动物门，头足纲，八腕目蛸科。

在渐美的滩涂上，每逢退潮都会出现章鱼孔，形状似花跳洞穴而大，斜插到地底后，再横平延展。孔洞口堆起井沿似的一圈厚泥，泥圈口也如老井沿一般光滑。

章鱼喜欢把螃蟹抓到家门口吃，并把吃完了的空壳扔在那里。这厮生性狡诈，在这事情上却张狂到忘乎所以。就像渐美人骂笨贼的老话“偷吃不懂得擦嘴”。

渐美人专门打造了一种小锄头，用来抓章鱼。当寻到了章鱼孔后，便猛挥海锄头掘下，章鱼就往某个分洞退缩。抓鱼人认准冒着气泡的分洞快速追挖下去，探手拎一只章鱼上来。

后来，渐美人还想出了另一种方法来捕章鱼：将章鱼洞挖到见水了，掏出巴豆、芦藤做成的红泥丸（村民称为“苕仔籽”），掰一小块塞入洞中，过半个时辰，章鱼中毒了勉强爬出来，瘫在洞口。若是章鱼洞太深，药丸塞不进去，抓章鱼人便会在木头小戽桶撒尿，把药丸摇化，再灌下去。

渐美滩涂常见的章鱼至少六七种。厦门人说的章鱼特指通身雪白的真蛸。海边人有时候为了强调它和“李鬼”的区别，会将其唤作“白章鱼”。除真蛸之外，被一般人归入章鱼名下的，还有涂婆、勾水仔和比较大的石拒等。它们都是只有 8 条长脚 1 个圆头而似乎无酮体的头足类。

与其他章鱼不同，真蛸的 8 条软足中，有 2 条长腕足，其长度是最短腕足的 1 倍；真蛸体色冷蓝，汆熟后瓷白中透出微浅的灰紫。与真蛸极为相似的是一种名为“赤章鱼”的章鱼，其颜色略显灰紫，但是口味却逊色不少，宜炒而不宜汆。

涂婆、勾水仔都比真蛸身材短矮。涂婆体色发紫，古人称“章举者”，味道略腥。勾水仔体色，比真蛸要浓灰。它们都没有真蛸的修长身材和灵秀气韵。

如今的市场上，有的卖家会用它们来充数。炒熟后，再用酱油做过色，就无从辨认。涂婆和勾水仔的异体蛋白含量高，吃多了难以消化。

蛏仔与蚣蚷

渐美村开展围海造地之前，蛏仔与蚣蚷几乎是随手可得的海产品。对当代人来说，蛏仔司空见惯，夏季一上市，市场上到处都有。不过，现在的蛏仔大都是人工养殖的，而当年渐美滩涂的蛏仔大多是野生的。说到蚣蚷，老一辈渐美人都知道是什么，而新一代的年轻人大多都闻所未闻。

蛏仔的学名叫“截尾薄壳蛤”，双壳纲，笋螂目，薄壳蛤科，薄壳蛤属，俗名还称“水蛤”“薄壳蛤”。

它是软体动物，介壳两扇，形状狭而长，外面蛋黄色，里面白色，生活在近岸的海水里。除了一般的蛏之外，滩涂上还有竹蛏等种类。蛏在闽南语里读音类似“摊”。每当潮水退后，蛏仔常见于潮间带的泥沙中（尤其在温带）。壳窄长，剃刀状，长可达20厘米。斧足大而活跃，能在洞穴中迅速上下移动，受惊时很快缩入洞内，以短水管摄食海水中食物颗粒。其中有的可借水管喷水而作短距离游泳。这种景象只有老一辈渐美人才能见到，现在的年轻一代看到的都是不能动弹、在市场摊位上的蛏仔。

蚣蚷

明朝宁波文人屠本畯，曾到福建广泛采集见闻和风土人情，留下了《闽中海错疏》《海味索引》《闽中荔枝谱》《野菜笺》《离骚草木疏补》等著作。在《闽中海错疏》里，他就提到了蚣蛛，并认真记下它的读音。屠本畯在白蛤条下写道："一名空豸，泉人呼为江大，似蛤而小，壳薄色白。又名'泥星'。"空豸、江大就是厦门人说的蚣蛛，读音相差不远，毕竟是500多年前宁波人的记录。在渐美人的眼里，蚣蛛非常不值钱，它的经济价值和蛏仔不能相提并论，所以渐美还有这样的俗语："蛏仔不肥肥蚣蛛""蚣蛛不死死蛏子"。言下之意，就是说本来指望的没有办法如愿，不该发生的反而会发生。由于蚣蛛不值钱，所以渐美人通常收获回来之后，用它喂鸭子或喂猪。老一代渐美人还记得食用蚣蛛要"脱裤"，意思是蚣蛛的肉有一层黑色的网纱，必须把它去掉才好吃。但是，蚣蛛的美味绝对胜过蛏仔，只是因为它性偏寒，肠胃不好的人不敢多吃而使它身价掉落。现在市场上偶尔也能见到蚣蛛，价格都会比蛏仔贵。由于时代不同了，不少东西的价值也不可同日而语。

土　蚬

土蚬有一个让人感到陌生的学名，叫"虫间仔"。《海澄县志》将其称为"薄壳"。据《海澄县志》记载："薄壳，聚房生海泥中，百十相黏，形似凤眼，壳青色而薄，一名凤眼蚬，夏月出佳，至秋味渐瘠。邑亦有薄壳场，其业与蚶场类。"

土蚬对于渐美人来说，土蚬可谓是无人不知无人不晓，县志上说它是"百十相黏"。根据渐美人的说法，应用"千百相黏"更为准确。过去，渐美滩涂上的土蚬在收获时，农家会做一种特制的竹钩，往滩涂里一插一铲，一上来就是一二十斤。

土蚬的学名叫"寻氏肌蛤"，是贝类海产品。它是一种浅色的小蛤蜊，贝壳小，略呈三角形，壳长17~24毫米，壳高约为9~12

毫米，壳高略大于壳宽 6~8 毫米。其壳薄而透明，壳顶位于近前端背侧，至最前端的距离约为绞合部的 1/4。腹缘直，中部微向内凹，两壳极膨胀，壳表面为黄褐色或绿褐色，自壳顶至后缘有棕色或紫褐色放射纹及波状花纹。壳内面呈灰白色，具珍珠光泽。

土蚬肉质鲜美、营养丰富，是浙美人野生食用贝类之一。一位海外归来的华侨曾评价土蚬这种食物："这道菜最让人享受的是碗底剩下的汤汁，没有其他海产比它更鲜美的了。"但是浙美人知道过去这道美味只不过是用来喂鸭子的饲料而已。

第三章　文化遗产

第一节　文物古迹

渐美光绪告示碑

渐美光绪告示碑

光绪告示碑位于渐美村西片636号，海沧区渐美村西片。碑为灰白色花岗岩长方体，高1米，宽0.5米，厚0.15米。基座为梯形体，上有花瓣纹，上宽0.24米，下宽0.5米，高0.4米。内容为海澄县正堂颁布的条律，并有“光绪二十年一月初一”等字样。此碑原在朝真宫旁，2006年朝真宫被拆，仅存此碑。

这座碑保存基本完好，光绪二十年（1894年）十一月初二立，放于朝真宫旁，2006年朝真宫重修时，碑移今址。

渐美许氏小宗

渐美许氏小宗抱鼓石

许氏小宗位于海沧区渐美村西片596号，坐东北朝西南，由前后两进建筑组成。第一进为假叠顶双燕尾脊，面阔3间，进深1间。第二进为单条燕尾脊，面阔3间，进深3间，前后进均为悬山顶。墙体、柱础、透雕园石窗均为清代原物。它保留了较为精美的石木雕刻，石雕有螭龙纹透雕石窗、抱鼓石上的花鸟图案等。木雕有狮子、鳌鱼、花鸟等。

许氏小宗保存基本完好，装饰较精美。后落被火烧后于1993年重修。抱鼓石等在“文化大革命”中被破坏。

渐美许氏小宗

渐美许朝落宅

渐美许朝落宅

许朝落宅位于海沧区渐美村西片 356 号，坐东北朝西南，由前后两进建筑组成。第一进为假叠顶双燕尾脊，面阔 3 间，进深 1 间。第二进为单条燕尾脊，面阔 3 间，进深 3 间，前后进均为悬山顶。墙体、柱础、透雕园石窗均为清代原物。此宅保留了较为精美的石木雕刻，石雕有螭龙纹透雕石窗、抱鼓石上的花鸟图案等。木雕有狮子、鳌鱼、花鸟等。

许朝落宅保存基本完好，装饰较精美。

渐美谢天赐宅

谢天赐宅位于海沧区渐美村西片 372 号后，坐东北朝西南，由横屋、主体建筑，左右厢房及左右护厝组成。除主体建筑为假叠顶单燕尾脊之外，其余均为平脊马鞍形山墙。横屋面阔 3 间，进深

渐美谢天赐宅

1 间，主体建筑面阔 3 间，进深 2 间，左右厢房各 1 间，左右护厝面阔 6 间，进深 1 间。

谢天赐宅保存基本完好，装饰较精美。20 世纪 80 年代，此宅曾被火烧。“文化大革命”时，祖宗灵位被烧掉，其余基本完好。

世飨堂（芦坑谢氏家庙）

世飨堂又称“谢氏家庙”，位于海沧区渐美村芦坑东片 263 号，坐东南朝西北，由门楼、围墙及前后殿组成，中为天井。总面阔 17.2 米，总进深 25.39 米，高约 8 米。门楼为单条燕尾脊。前殿为假叠顶双燕尾脊，面阔 3 间，进深 1 间。后殿叠顶双燕尾脊，分左、中、右 3 大间。各建筑均抬梁式构架，悬山顶。它的梁枋等有木雕狮子、鳌鱼、花卉图案等。抱鼓石等有花草、如意纹等图案。庙内有旗杆石一座，上刻云纹和“光绪三年丁丑乡荐中式一名”等字。它的门亭右墙下有碑刻 1 通，花岗岩石质。碑高 0.9 米，宽 0.34 米，厚 0.12 米。

世飨堂（芦坑谢氏家庙）

阴刻楷书："本衙置有海泊壹所，充为大宗蒸 / 尝。东至屿仔，西至岸，南至鸡母石 / 虫豪钉港，北至埭仔下为界。日后不 / 许孙子灭公肥私，盗行典卖等弊，/ 如违，呈究。此谕。崇祯叁年日立石。"

万历二十三年（1595 年）建，历代屡修，1992 年重修。

谢氏家庙保存基本完好，装饰较精美。"文化大革命"时，屋顶的剪黏被毁坏。

渐美谢龙城宅

谢龙城宅位于海沧区渐美村西片 406 号，坐东北朝西南，由横屋、主体建筑，左右厢房及左右护厝组成。除主体建筑为假叠顶单燕尾脊之外，其余均为平脊马鞍形山墙。横屋面阔 3 间，进深 1 间，主体建筑面阔 3 间，进深 2 间，左右厢房各 1 间，左右护厝面阔 6 间，进深 1 间。

谢龙城宅保存基本完好，装饰已褪色。

渐美谢龙城宅俯视全景

渐美谢龙城宅正面

渐美苏松碧宅

苏松碧宅位于海沧区渐美村西片546号，坐西北朝东南，由左右两列主体建筑、前后厅及左右护厝组成。门厅是假叠顶单燕尾脊，

渐美苏松碧宅

其余均为平脊，马鞍形山墙。左右两列主体建筑均面阔 6 间，进深 1 间。左护厝面阔 8 间，进深 1 间，右护厝面阔 6 间，进深 1 间。苏松碧曾在马来西亚槟城经商。

苏松碧宅保存基本完好。第一进的屋檐红瓦少量塌损，第二进主体建筑于 1938 年日军攻侵厦门时，被日军炮火炸毁。

渐美蔡建忠宅

蔡建忠宅位于海沧区渐美村西片 213 号，坐东北朝西南，为前后两进及左右厢房组成的小四合院。除第二进主体建筑为单条燕尾脊外，其他建筑均平脊，马鞍形山墙。第一进、第二进均面阔 3 间，进深 2 间。左右厢房均面阔 3 间，进深 1 间。此宅的特色之处在于右厢房的前端位置开大门，门前 1.2 米处有砖砌的照壁。照壁长 4.24 米，高 2.3 米，厚 0.23 米。此宅装饰比较简单，主要

渐美蔡建忠宅

有花卉、几何纹、“卍”字纹木雕、彩绘几何纹图案。山墙上有灰塑。此宅的形制较为少见，对研究闽南台湾型古代建筑类型提供了不可多得的资料。

蔡建忠宅保存基本完好。

渐美许清品宅

许清品宅位于海沧区渐美村西片 175 号，坐西北朝东南，由前后两进及左右护厝组成。这些建筑均为单条燕尾脊，前后两进均面阔 3 间，进深 2 间。左右护厝均面阔 6 间，进深 1 间。装饰比较简单，梁架有花卉、几何纹木雕。厢房的外墙墙体有拼砖砌成几何纹及“卍”字纹图案。

许清品宅保存基本完好。

渐美许清品宅

渐美许氏宗祠

许氏宗祠位于海沧区渐美村西片542号，坐北朝南，由前后两

渐美许氏宗祠

进主体建筑组成。第一进为假叠顶双燕尾脊，面阔 3 间，进深 1 间。第二进是单条燕尾脊，面阔 3 间，进深 2 间。两进均为悬山顶，抬梁式构架。它的装饰比较简单、保存比较完好。第一进的柱础、墙体均为清代原物。

许氏宗祠保存基本完好。

芦坑谢树林宅

谢树林宅位于海沧区渐美村芦坑东片 119 号，坐西北朝东南，由主体建筑、左右厢房、左右护厝构成。主体建筑假叠顶单燕尾脊，其余均为平脊，马鞍形山墙。主体建筑面阔 3 间，进深 2 间。厢房面阔 2 间，进深 1 间。左右护厝均面阔 6 间，进深 1 间。此宅装饰比较精美，有花卉木雕和瓶中花、人物故事的绘画及几何纹彩绘图案。山墙有云纹灰塑。

谢树林宅保存基本完好，装饰较精美。

芦坑谢树林宅

渐美谢连城宅

谢连城宅位于海沧区渐美村芦坑东片123号，坐东北朝西南，由前后两进及左右厢房、护厝组成，均硬山顶。第一进为假叠顶双燕尾脊，面阔3间，进深2间。第二进是单条燕尾脊，面阔3间，进深2间。厢房为平脊，面阔2间，进深1间，护厝均为平脊，马鞍形山墙，面阔6间，进深1间。屋脊上有螭龙纹剪黏，山墙上有螭龙纹灰塑，柜台脚有云纹雕刻。

谢连城宅保存基本完好。

芦坑谢连成宅

渐美谢全宅

谢全宅位于海沧区渐美村芦坑东片 141 号、179 号，坐东南朝西北，原宅由左、中、右 3 栋主体建筑及左右护厝组成，现存左右两座主体建筑的前后两进、左右护厝。这两座建筑结构一致，均硬山顶。第一进均为假叠顶双燕尾脊，面阔 3 间，进深 1 间。第二进是单条燕尾脊，面阔 3 间，进深 2 间。此宅装饰比较精美，水车堵上有剪粘彩绘灰塑构成的山水彩图，木雕有寿字、几何纹、花卉、狮子和螭龙等。

谢全宅保存基本完好，装饰精美。

芦坑谢全宅

第二节　古厝老宅

许朝姥的老房子

渐美社的许朝姥是清代华侨，生育 9 子，故而在村里盖了 9 栋房子，前后进的燕尾脊屋顶、精美的石木雕刻、石条铺就数丈见方的大坪，凸显出了过去的气派非凡、富贵繁华。现存较好的两栋为渐美社 207 号之一和渐美社西片 356 号。

渐美社 207 号之一

渐美社西片 356 号

苏松柏的老房子

苏松柏老房子有前后两进，门牌号是渐美社 543 号之二。这栋建筑本村人称为“四个门”，原先的建筑围墙确实安设了东、西、南、北四门，在 1960 年的一次大台风中被损毁了。

苏松柏，在 1875 年，13 岁之际随胞兄苏蓬春往马来西亚东色海做工。1888 年—1900 年间，向马来西亚政府承包公路并开发。1901 年，向当地地产商购买山地 200 亩，开发种植橡胶树并兼做橡胶生意。1926 年，回乡创办一隅茶叶种植有限公司，土地名杨梅山，建造茶叶有限公司房屋 1 座，面积 450 平方米，茶叶公司地界（少梅山、寮仔山、红石帮矿、四仙童，玉寨湖、茶公司厝后至观音叠座），种植茶树 10 万余株、马来松 2 万株。与此同时，苏松柏继续组织马来西亚华侨苏成泉、苏用芋入股创办油桐籽公司，并建油桐公司房屋 1 座，面积 220 平方米，油桐籽公司山界（虎加洋分水至龙斜崎大坑沟，少梅山分水，深田湖、牛厝、油桐籽公司厝山下坑沟）共种植

渐美社 543 号之二

龙眼树 1500 株，油桐籽 10 万株，梨树 3000 株及其他杂果等。他将茶叶公司及油桐籽公司收益款全部投入创办一隅学校培养人才，造福桑梓，之后返回马来西亚。他组织马来西亚华侨捐款支持抗日战争，并参加孙中山同盟会及辛亥革命组织，并在南安投入革命活动。

苏松柏当时在鹭江道拥有一处房产，叫“鹭江客栈”，就是今天的鹭江宾馆。为了支持孙中山革命，苏松柏把鹭江客栈的股份卖掉了一半，全部捐给革命组织作为活动资金。

谢首的老房子

渐美社谢首的老房子位于村子中部，虽然房前屋后长满杂树，但从房子的结构仍可看出当年房主人的富贵荣华。据说，谢首曾娶多位太太，子孙众多。

渐美社 209 号谢首的老房子

渐美社 167 号林蚵眶的老房子

渐美社 460 号蔡招定、蔡友良的老房子

渐美社西片 468 号许亚衫的老房子

渐美社西片 472 号蔡马来、蔡亚海、蔡朝明的老房子

渐美社 550 号许水贯的老房子

渐美社 616 号苏原德的老房子

第三节 民俗风情

海沧有个龙舟村

2014 年以前的每年端午节前后，渐美村的村民们都会在村“两委”、村老人会的支持下，由朝真宫理事会主办，在渐美社南面的长 360 米、宽 100 米的龙舟池举办一场龙舟赛，历时 2~3 天。从 1985 年第一届到 2013 年最后一届，渐美村龙舟赛办了整整 29 届。2014 年以来，由于海沧新城区开发建设的需要，龙舟池被逐渐填埋。没了龙舟池，渐美村的龙舟赛也画上了句号。村民们极为不舍，在对海沧城区未来的发展充满憧憬的同时，总想着将来继续开展赛龙舟的活动。

渐美村的赛龙舟的历史可以追溯到 100 年前的清朝末年，本地渔民一直就保留着划渔船比赛的习俗。特别是在 20 世纪 70 年代大围垦以前，渐美整个村庄就在大海边。每当海水涨潮时，渐美村头就会变成一片汪洋。讨海的渔民空闲时就会三五成群聚在海边，举行划船比赛。他们在海边的滩涂上插几根长竹竿，将露出水面部分的竹竿标好比赛起点、终点的标记，或者单人或者分组，各自在小船上努力划桨，最先到达终点竹竿处的人就是胜利者。村民们既玩得开心，又锻炼了身体，这就是渐美村龙舟比赛的雏形。

1978 年，海沧公社进了大面积的围垦造地。京口海堤建好后，大海被挡在了海堤外面。渐美村的老人们拥有了超前意识，认为将村头南面的一片洼地围起来以后必将有用，所以大家一起出工出力，在 1979 年围成了一片方圆几十亩的大池子。

1985 年，随着改革开放的逐渐深入，渐美村村民们的生活水平逐渐提高，本来就有优良体育传统的渐美村青壮年萌发了举办划龙舟比赛的想法，于是大家纷纷筹集资金，从外地购买回来两艘木头打造的龙舟。渐美社的 4 个村民小组各自组织了 1 支代表队。端午节之际就在村前的大池里举办了第一届龙舟赛。从此，村前大池就被大家叫作“龙舟池”，渐美村也逐渐被外村人称为“龙舟村”。

那一时期，大家只是出于娱乐和健身的目的举办龙舟赛。各人划船的姿势也是老式的，就是大家都趴在船上划桨，划船的效率相当低，龙舟的速度特别慢。到了 1998 年，才出现了真正的转机。这一时期，海沧镇被划入杏林区。杏林区文体局对渐美村的龙舟队非常重视，省会福州拟举办一场规模较大的龙舟赛，分配给厦门市一个名额，区文体局把努力争取来的这个比赛名额给了渐美村的龙舟队。面对这个难得的机会，村民们认真训练、积极应战，并筹措资金从大连买来了两艘新式龙舟。龙舟运回当日就被大家放进了龙舟池，队员们马上开始训练。训练两天后，渐美龙舟队就启程前往福州参加龙舟大赛。由于时间仓促，队员们的技术水平还比较低，这次比赛虽然在小组赛中打败了 1 支日本龙舟队和 1 支福州晋安龙舟队，却最终没有进入前八名而失去了决赛机会，不得不遗憾地回到了厦门。

究其根源，关键在于划船的技术不专业。2000 年，村民们请来

当年龙舟池——赛龙舟的好地方

了厦门水上运动中心的燕教练传授划船技术。在燕教练的悉心指导下，大家认真学习正规的划桨动作，改原来的卧式划桨为新式坐姿划桨。与此同时，加强身体素质的训练，自己动手制造了专用的健身器材，努力增强腰部和手臂的力量。后来，渐美村的划龙舟水平得到了稳步提高。在当年的集美“嘉庚杯”龙舟赛中，渐美村代表队的队员们同心协力、奋勇拼搏、力挫群雄，夺得了社会公开组的第一名。在总决赛中，由于抽签不利，被分到反向风力最大的赛道，队员们无法正常发挥，与总决赛冠军失之交臂，最终获得总决赛的第二名。2003 年的集美嘉庚杯龙舟赛中，渐美龙舟队再次获得社会公开组第二名，总决赛第三名的好成绩。

渐美村每年一度的龙舟赛越办越红火，由渐美社的 4 个村民小组分别组织一支龙舟队在农历五月初四、初五这两天进行循环赛决出名次。2007—2009 年，渐美村还邀请了驻地消防部队的官兵和邻近外资大企业的员工组队一起参加龙舟赛，友谊第一，比赛第二。“军民鱼水情，工农一条心”，大团结精神在渐美龙舟赛中得到了升华。

海沧消防代表队赛前宣誓

海沧消防代表队在龙舟赛中夺得第一名

在浙美村，龙舟赛的日子是一个盛大节日。这节日不仅仅是只在比赛的那两天，而是整整持续一个多月。每年农历四月初，村里的几个村民小组就开始选拔队员、组队训练。一到下午，龙舟池里的锣鼓声就开始响起来，青壮年们听到锣鼓声纷纷从家里来到池边，听从各队的队长指挥，分别登船挥桨操练，一直练到天黑下来才回家。岸上围观的乡亲们也拖着不愿意离开的孩童们开始往家走。

浙美村龙舟赛一般安排在农历初四、初五两天，在龙舟赛的日子，浙美村里更是喜气洋洋，全村男女老少早早地都来到龙舟池两岸，附近各村的亲朋好友、出嫁的闺女也都来了；池岸上爆竹声声、人山人海；池面上鼓声阵阵、龙舟竞发。每到比赛激烈处，龙舟池里运动员的口号声、咚咚的锣鼓声和岸上乡亲们的呐喊助威声连成一片，场面非常壮观。

2013 年，浙美村龙舟池逐渐被填埋，每年一届的龙舟赛无法继续举办，村里的老人家和众乡亲们每到端午节心里都无比失落。浙美村龙舟爱好者们都在盼望，哪天可以在海沧区找到一片新的龙舟赛场所，或者在海边，或者在海沧湖，继续开展富有地方特色的龙舟赛，把团结奋进的龙舟精神发扬光大。

2007 年第 23 届龙舟赛冠亚军争夺战

2008 年比赛场景（一）

2008 年比赛场景（二）

2009 年比赛场景（一）

2009 年比赛场景（二）

2016 年端午节摄于海沧湖

【外资企业员工 2007 年 6 月参加龙舟赛活动报道】

渐美村 2007 年第 23 届龙舟赛报道

渐美村 2007 年第 23 届龙舟赛 6 月 16 日上午在渐美村龙舟池隆重开赛。

上午 11 点，公司两支比赛队伍准时来到开幕式会场整齐列队，良好的组织纪律性吸引了村民们的目光。公司领导与参加龙舟赛开幕式的区委宣传部长、区政府副区长，区人大主任等领导进行了亲切交流。

九点半，区委宣传部长一声号令。龙舟比赛正式开始。公司一队最先与渐美村强队之一的渐美二队展开激烈角逐。公司二队在上午的第三场比赛中迎战上届冠军渐美四队。在与经验丰富、实力强大的村民代表队的对阵中，公司运动健儿们不畏强手、奋力拼搏，大家尽力挥桨直到冲线的最后一刻，虽然没有赢得比赛，却赢得了村民们及数千观众的阵阵掌声与喝彩。选手们充分展示了公司员工的优良精神风貌。

经过 16 日、17 日 7 场 14 局的激烈竞争。渐美村 2007 年龙舟赛在 17 日上午 11 时落下帷幕，海沧消防大队、渐美村二队、渐美村四队分别获得比赛的前三名，捧回了金灿灿的大奖杯。

在本届龙舟赛中，集团员工与渐美村村民及其他邻村村民增加了许多交流的机会，增进了相互之间的理解，增强了公司与当地民众的友谊。

【外资企业员工 2008 年 6 月参加龙舟赛活动报道】

迎奥运——中国年·海沧区渐美村第 24 届龙舟赛

由公司冠名赞助的“迎奥运——中国年·海沧区渐美村第 24 届龙舟赛”6 月 7 日至 8 日在渐美村龙舟池隆重举行。由 22 名员工组成的公司龙舟代表队，参加了今年海沧区政府迎奥运系列活动中的这一项盛大体育赛事，在比赛中和渐美社四个村民小组的代表队同池竞渡，公司代表队勇夺比赛第三名。

公司代表队经过 6 月 3 日至 5 日三个下午的紧张训练，队员们的挥桨技术及协调程度有了较大的提高，但与长期操桨下海捕鱼的渐美村民相比，体能上的差距是不言而喻的。但队员们却不畏强手，不受时而暴雨如注、时而烈日当顶恶劣气候的干扰，船上的 18 位选手在鼓手舵手的指挥配合下，齐心协力、奋力拼搏，在 6 月 7 日的循环赛中，我们的队伍先后战胜渐美一队、渐美三队，顺利进入了第二天的决赛。

6月8日是端午节，渐美村里更是喜气洋洋：池岸上爆竹声声、人山人海；池面上鼓声阵阵、龙舟竞发。我们的选手们克服了体力消耗巨大、缺少候补队员替换等种种困难，在换船再赛的两趟赛程中，以3分16秒48的总成绩夺得了本届比赛的第三名。比赛成绩公布后，村委干部们、老人会、庙会的老人们和众多村民纷纷向我们的队员表示祝贺。公司员工们吃苦耐劳、勇于拼搏、团结一心、紧密协作的精神赢得了大家的敬重。获得比赛第一名的是渐美村四队，渐美村二队获得第二名，这两支龙舟队在历届的龙舟比赛中经常坐在一二名的交椅上。

在训练和比赛过程中，很多渐美村民对我们选手的表现表示了极大的兴趣。队员们在技术上、配合上一点一滴的进步大家都看在眼里，喜在心里；许多有龙舟赛经验的老船工经常给予大家技术指导；当我们人员需要替补时，村里有名的老舵手、老鼓手都挺身而出，为我们的冲刺发出号令和掌握正确方向。在他们的参与下我们取得的进步和胜利让其他队伍心服口服。在追逐更快更好的同时，公司员工们与渐美村的众多村民们加深了了解，凝聚了感情，结交了许多的新朋友，企业的形象和知名度再一次得到大幅度的提高。

渐美村的农民体育活动

根据2014年正式出版的《海沧区志》记载，自古以来，渐美村的农民体育活动都十分兴盛。明清时期，境内盛行武术（如新垵五祖拳）、舞龙、舞狮、划龙船、棋类等传统体育项目，旨在健身、自卫抗倭、节日庆典、庙会娱神等。清末至民国初，篮球、田径等近代体育项目逐渐在农村兴起。中华人民共和国成立后，渐美村体育运动渐趋普遍。村里还培训了一批广播体操骨干，推行田间操，推动农村体育运动；组织工人和农民开展篮球友谊比赛。

1956年始，渐美村组织篮球队，农民自发练球，举行友谊比赛。1958年，渐美村结合民兵训练普遍开展射击、队列操等军事体育活动。20世纪60年代初至70年代末，渐美村还开展了以军事项目为主的民兵体育活动。其中，篮球运动最为兴盛，每年都举行篮球比赛。

20世纪90年代始，渐美村的体育设施不断完善，农民体育活动日益活跃，体育项目也不断增多。村内最具实力的体育项目就是龙舟赛，并多次获得冠军。

2003年海沧区成立后，渐美村组建农民运动队并开展训练，参加了全省、全国的农民体育比赛。2004年，海沧区结合节假日开展农村体育活动，渐美村积极响应，除了龙舟赛之外，还举办篮球、乒乓球比赛、象棋赛，并自发举办腰鼓表演。同年，按照《全民健身计划纲要》要求，渐美村组织各项体育活动，举办龙舟邀请赛、中国象棋擂台赛、篮球赛和拔河比赛等群体性体育活动。同年12月，渐美村村民谢添寿在第十三届亚洲老将田径锦标赛上夺得跳高第一名，刷新了全国老将田径会的跳高纪录。

时间	比赛地点	运动会名称	比赛项目	单位或运动员	成绩
2004年12月	泰国曼谷	第十三届亚洲老将田径锦标赛	跳高	渐美谢添寿	第一名

2005年，渐美村被国家体育总局授予“全国优秀全民健身活动站”称号，海沧镇李琼琼家庭被国家体育总局授予“全民健身好家庭”称号。2007年，区政府分类指导农村群众体育活动，协助镇（街）、村（居）因地制宜开展龙舟邀请赛、村村篮球联谊赛、腰鼓比赛和拔河比赛等群众体育活动。2007年之后渐美村的相关赛事被载入《海沧区志》中，渐美的体育文化在史书中留下了亮彩的一页。

渐美村朝真宫的庙会活动

采访对象：朝真宫庙会理事会现任出纳许胜国。
　　　　　朝真宫庙会理事会前任保管许全福。
采访时间：2016 年夏季—2017 年春季。

朝真宫是渐美村最主要的宫庙之一，原名护国公庙，最初建于明崇祯十七年（1644 年）。明末清初，宫庙里的柱梁木料被借走，用于郑成功收复台湾时建造大船所需，后于清朝嘉庆年间重建。海沧慈济东宫的石碑提到了朝真宫："嘉庆十七年朝真堂，嘉庆二十二年更名朝真宫。"由于年久失修，庙宇逐渐破败，渐美社于 1991 年重新修建朝真宫，2006 年再次重建。新庙坐落于渐美村中心灯光球场边，坐北面南，雕龙石柱、飞檐琉瓦，雄伟的宫庙气势非凡。

朝真宫供奉大道公（海沧当地信众对保生大帝吴夲的尊称）。吴夲生前为济世良医，因医术高明、医德高尚而闻名遐迩，民间称其为"吴真人"，被尊为"神医"。海沧三都地面乡民建有多处庙宇，奉祀大道公。大道公是渐美村信众最重要的保护神，朝真宫的许多庙会活动都是围绕保生大帝来进行的。

每年正月初六举行的朝真宫进香活动，是渐美村最主要的民俗活动。村民们对于这一天的重视程度堪比过年。活动其实从年前就开始了，农历年末的十二月十六，在朝真宫大道公神龛前，众多虔心信仰的村民们通过博杯产生新一任的主会、副会，以及众多理事会理事。十二月二十二，理事们开始给大道公神像沐浴更衣（每年的这一天信众们都要帮神像擦洗干净并换上一套崭新的龙袍）。在接下来的二十三、二十四两天里，渐美的村民们都会陆续来到朝真宫献上供品祭拜神灵，为大道公送行。因为大家相信就在二十四晚上，大道公将要升上天宫，向天庭报告过去一年渐美村及村里各家各户的情况，并接受天庭对明年各事项的安排。大道公在天宫会一直留到新年的正月初四才会回到人间，回到朝

朝真宫

朝真宫内供奉的三尊神像

初六上午，村民们来到戏台前观看乐队表演

真宫。初四、初五这两天，村民们也都会到带上各色供品到庙里祭拜，迎接大道公回来。

正月初五晚上，从龙海龙田请来的道士在朝真宫里做完法事后，众人将大道公神像请到辇轿上，并抬出朝真宫送到本任主会家中。这时，从龙海金山村请来的五六个“三团”（即“乩童”）开始“放将”：他们将庙里的36位神将散落到村里的四面八方，让他们看好村庄周边的“坏东西”，不让它们在朝真宫进香的这几个日子里做坏事，搞破坏。

正月初六是朝真宫谒祖进香的日子。黎明时分，庙会理事们就从主会家中将安放在辇轿上的大道公神像抬到朝真宫，摆放在庙前的拜庭上让村民们祭拜，这次祭拜大家不用带供品。庙前广场

渐美村女子腰鼓队的表演

舞狮表演

舞龙表演

中间一早就堆好上百斤的上等木炭，一位老人开始引火点燃。老人会楼下的办公桌前，庙会的财务主管正在为众多捐献香资的信众们登记入账。朝真宫戏台前面，舞狮舞龙、歌舞乐队正在逐队表演。在表演队伍中，最为显目的则是渐美村女子腰鼓队。16 个身着红色衣裤，双手挥舞系着黄色绸带鼓棒的本村女子，在铜钹手和大鼓手的指挥下踩着整齐的舞步，在戏台前的广场上变换各种队形，腰鼓声铿锵有力，舞姿翩翩婀娜多姿，强烈吸引着围观民众们的眼球。舞狮队的精彩表演也引来了众人的热烈喝彩，两只红黄狮子在互相挑逗、嬉戏、登高、旋转后，直立起身，狮子大嘴中挂出“风调雨顺，国泰民安”两幅大字，引发四周观看演出人群的阵阵喝彩。

上午九点，庙会理事们在大道公神像前博杯，经大道公同意，确定了进香活动开始的时间。由于有不少嫁到外村的女儿及其他亲属们今天都要回村参加活动，为照顾迟来的乡亲，进香仪式开始的时间一般选择在九点半或者十点。

吉时已到，广场东北方向的拱门外传来锣鼓声，队伍前面两个老人分别提着满满一小桶盐米洒向四周的人群。锣鼓队领着正副主会一队人马来到摆在朝真宫拜庭外的香案前，在道士的主持下和唢呐锣鼓的伴奏中，主会副主会虔诚地向大道公举香跪拜。接着，两个赤膊穿着红肚兜，4 个穿着白褂扎着红腰带的乩童，分别手提刀枪棍棒，绕着广场中央的炭火堆时而快步行走，时而驻足做法，口中喃喃念着咒语，不时往炭堆中塞入画了红字的黄纸。他们绕了几圈后回到供桌前，那两个穿肚兜的乩童趴在桌上，用一块格子布遮住了脑袋和上半身，他们在等神灵附身。而后，锣鼓唢呐声重新响起，1 个乩童右手拿着大刀，左手牵着高举会炉的主会，站在队伍前面。后面依次是副会和庙会诸理事、几个乩童、挑着香篮的老汉、举着彩色大旗和彩色华盖的信众，他们围成直径约十来米的大圆圈，众人绕着火堆左转几圈，再右转几圈，最后停在正在冒着熊熊火舌的炭火堆前面。

道士主持祭拜仪式

乩童等待神灵附身

乩童带着主会围着火堆绕圈

乩童用大刀搅动炭火

乩童大喊着赤脚冲散火红的炭堆

在此刻，广场四周里三层外三层围着的乡亲们屏住呼吸盯着队伍前面手持大刀的乩童，只见他松开握紧主会的左手，双手紧握刀柄，将大刀插入炭火中用力搅动起来，接着大吼一声，赤裸的双脚踏入火堆，踢散火红的炭粒，顿时火星冲天、炭花四溅，其他几位赤脚的乩童也在后面跟着踩着火红的碳粒冲过炭堆，从前方人群预留的缺口处朝拱门外飞奔而去，四周的村民兴奋地发出一阵阵喝彩。举着会炉的主会带领副会们，以及挑着香篮的老汉、扛着七色彩旗华盖的村民们，也跟随着几位乩童冲过炭堆。

在人群中，等待已久的抬着哪吒轿辇、上帝公轿辇、大道公轿辇的三拨村民好汉们，他们高声呐喊着，一拨接着一拨冲过炭堆。聚集在四周的男女信众们，也都举着点燃的香棒跟在神像轿辇后面从已经基本被踏平的炭堆跑过，穿过大榕树下的大拱门沿着村道前行。

在村道经过的许氏祠堂前面的一片空地上，辇轿队伍稍作停留，让路给随后而来的几十个乐队团体。当人们出了兴港路的村口，戴着朝真宫理事会红牌牌的理事们，将进香队伍重新调整了排列的顺序。现在是乩童在队伍前头引路，两个提小桶的老人一路挥洒盐米，老会长和另一个老人提着大铜锣，为大队伍鸣锣开道。几个穿着理

抬着上帝公轿辇冲过火堆

抬着哪吒轿辇冲过火堆

抬着大道公轿辇冲过火堆

信众们举香跟着队伍后面

事会黄色马甲的大汉们，抬着红底金字的“渐美朝真宫”大牌匾排在队伍的最前面，后面紧跟着手举会炉的主会和副主会、挑着进香炉的老人、身穿黄色马褂举着彩色大旗的理事们。随后是3匹大红马和鸿渐村大开道乐队，渐美村腰鼓队，以及50多支各地来的军乐队、管乐队、舞狮队、舞龙队组成浩浩荡荡的游行队伍。抬着哪吒轿辇、上帝公轿辇、大道公轿辇的3拨壮汉们，在队伍旁边时而快

进香巡境队伍（一）

进香巡境队伍（二）

速疾行，时而驻足休憩。香阵队伍的后部是手举点燃香棒一路虔诚步行的信男信女们。

这支长达 1000 多米、汇聚了 2000 多人的进香队伍沿着渐美村村道穿过整个渐美村来到芦澳路，再顺着芦澳路、马青路，浩浩荡荡前往位于青礁的慈济东宫。众人需要步行七八千米，来回要十多

进香巡境队伍（三）

进香巡境队伍（四）

进香巡境队伍（五）

千米。如果没有对大道公崇敬的信仰和坚强的毅力，相信大多数人难以做到这一点。

慈济东宫祖庙位于岐岭山下的青礁村，始建于南宋绍兴年间，是闽南地区供奉保生大帝几百座庙宇的祖庙。每年春季，各地的分庙都要到慈济东宫谒祖进香，这是当地一项重要的民俗活动。

香阵队伍到达东宫已经将近中午，渐美的信众们在这里进行每年谒祖进香必行的各项活动：在东宫大殿大道公的神像前，由道士主持“请火”仪式。庙会主会和各理事在大道公神像前举香虔心祭拜。而后，他们从神殿上的主香炉里请出部分香灰，添加到带来的香篮中，再挑着香篮回到朝真宫，完成“请火”的使命（香篮是进香仪式中最重要的物件，代表整个村庄的“旺气”）。在大殿外的广场上，各支乐队高奏乐曲，舞狮队、舞龙队、歌舞团的演员们也在殿前大广场上摆开场地，表演着一出出拿手好戏，引来观众一阵阵热烈的掌声。大殿里的仪式结束后，村民们抬着轿辇从大殿出来。众人徒手合力将轿辇高高举起，依次从殿前的大香炉上方抬过，称作“神辇过炉”。这时，村民们争先恐后挤入抬轿人群，他们抬着三座神像轿辇在广场上绕着庙前的大香炉轮番冲辇。大家个个兴奋异常，越冲越有劲。最后，在庙会理事们的劝导下，人们才依依不舍地抬着轿辇走下东宫台阶，踏上回村的路程。

进香队伍回到渐美村，各支乐队还要在朝真宫戏台前表演一遍，到傍晚结束后，戏台上也要开始演戏了。由于答谢大道公的信众比较多，从初六晚上开始，要一直演上五六天才会结束。

朝真宫正月初七的活动叫“吃香桌”。这一天上午，各家各户都要带着鸡、鸭、猪脚、猪肉等贡品到庙里祭拜大道公等各位神灵及庙里的三十六将。活动由道士们主持，三团（乩童）参加，各理事也都要到场。

正月初八是三位神灵回朝真宫的日子。一早，村民们就抬着三座神轿在村庄周围绕上一大圈，重要的路口还要停下来由道士做法事。其主要目的是不让坏人钻到村里面做坏事，保佑村民平安。众人将神轿抬回到庙的前面，这时几个乩童出发到村里各处“收将”，即把在初五晚上放出去的三十六将收回来。收完后，众人还要在大道公神像前博杯，只有大道公同意了，才说明这些“将”都回到了朝真宫。接着，村民们将大道公、上帝公、哪吒三尊神像请回到朝真宫的神龛。至此，正月进香活动才宣告圆满结束。

除了主持正月的进香活动以外，朝真宫理事会还要主持每年三月十五的大道公生日庆祝活动。村里信仰保生大帝的村民都会带着供品到朝真宫祭拜，朝真宫戏台还会连续演戏 3~5 天。

五月初二是大道公上山采药摔倒的日子，也是大道公由凡人升天为神的日子，这一天信众们也都会来到朝真宫祭拜大道公。

渐美村端午节的龙舟赛活动也是由朝真宫理事会来主办，村“两委”和老人会大力支持。龙舟赛从 1985—2013 年整整办了 29 届，

当年龙舟赛的 4 艘龙舟

渐美社几乎所有村民都加入到了这项活动之中。特别是1990—1992年的比赛，还组织了女子龙舟队参赛。现在，朝真宫理事会还妥善保管着几艘比赛的龙舟。

八月十五是土地公的生日，村民们会举行祭祀活动。大家一早就会来到位于朝真宫戏台右侧的赐福庵祭拜福德正神。赐福庵原名土地公祠，始建于南宋绍兴时期，2008年迁建于此。村民们会祭拜神灵，朝真宫戏台还要连续上演好戏三天。

八月十八是清水祖师搬到新家的纪念日，朝真宫理事会在这一天会举行隆重的纪念活动。祖师殿始建于清初，旧庙于渐美社姚厝角，信众们在这一天都会带着供品到祖师殿祭拜。理事们先在祖师神像前博杯，确定活动开始的时间，一般是定在上午九点以后。时辰一到，大家会将清水祖师爷神像请上神轿，跟着十几支腰鼓队和乐队，绕着村庄游行一圈，晚上也要接连演戏三天。

位于戏台右侧的赐福庵

位于朝真宫左侧的祖师殿

位于姚厝角的祖师殿旧庙

位于南海三路进村路口的刺伯公庙

刺伯公庙内的刺伯公牌位

渐美村还有一座其他村不曾见过的小庙宇，是由朝真宫理事会负责管理。清朝中期建于渐美村柀子脚，2008 年迁建到南海三路进入渐美村的路口旁，名叫“刺伯公庙”，供奉的是刺伯公牌位。传说，以前村里农家人养猪经常被老虎叼走或者被坏人偷盗，村民们苦不堪言，故而求救于刺伯公。在神灵的保佑下，养猪被老虎叼走和被盗的事情逐年减少。村民们为了感谢神灵，就建了刺伯公庙。每年八月十九、二十两日是这座小庙宇乔迁的日子。养猪的村民会来祭拜，朝真宫戏台上还会演两天戏，以示庆祝。

【朝真宫理事会近年举办各项活动及换届工作纪实】

渐美社宫、殿、庵自 1983 年起活动纪实

1983 年，政府落实宗教政策恢复信教自由。（因 1966 年“文化大革命”，宗教信仰被废除）成立理事会并于当年进行庙宇维修。

1984 年，农历十二月十六，恢复大道公博杯选正副主会及头家制度，当年重雕保生大帝、祖师公及关将等神像。

1985 年 4 月，造龙舟一对并每年农历五月初二举行龙舟赛，当年造辇轿一对。

1986 年开始，每年农历正月初六恢复保生大帝前往慈济东宫谒祖进香。

1991 年，翻建朝真宫、并增建拜亭。

1992 年，建戏台。

1994 年，苏仁财先生捐资 20 多万元人民币重建标准戏台一座。

1998 年，造国际标准龙舟 1 对，并建龙舟室 1 间。

1999 年，建演戏化妆室 1 间。

2000 年，建辇轿室（2 层）。

2002 年，建宿舍楼（3 层）1 栋。

2004 年，铺设水泥庵埕。原庵前河由村委会填河造地为活动场所。

2006年，投资120多万元人民币重新改建楼阁式朝真宫。

2007年，再造国际标准玻璃钢龙舟1对。改辇轿室为理事会接待室。

2008年，投资40万元人民币肇建祖师殿及拜亭并重塑祖师公金身，并定在每年八月十八为祖师公巡安乡里日（即庙会）。

2008年起，因国家法定节假日的制定，改定农历五月初四至初五举行龙舟赛。原祖师公庵坐落在姚厝角。

2009年，投资60万元人民币填河造地建赐福庵（土地公庵）（原土地公庙坐落在社里西面馆后）。

2009年，原渐美朝真宫理事会改为渐美宫殿理事会。

2010年，建演戏厨房。

2012年，祖师公庙会改为每年农历八月最后星期日为庙会日。

2013年，土地公庙会原农历八月初四改为八月初二为庙会日。

2014年，保生大帝、上帝公、妈祖、战公重塑金身。

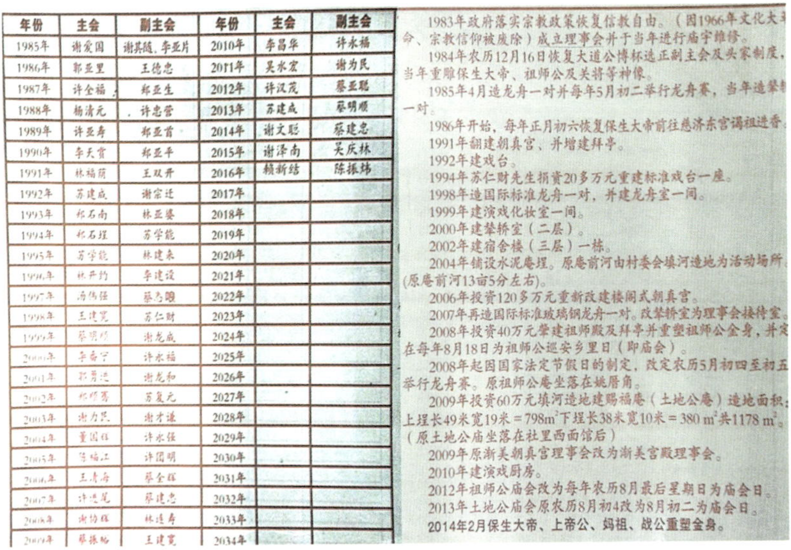

年份	主会	副主会	年份	主会	副主会
1985年	谢爱国	谢其随、李亚片	2010年	李昌华	许永福
1986年	郭亚里	王德忠	2011年	吴水宏	谢为民
1987年	许全福	郑亚生	2012年	许汉茂	蔡亚聪
1988年	杨清元	许忠营	2013年	苏建成	蔡明顺
1989年	许亚寿	郑亚首	2014年	谢文聪	蔡建忠
1990年	李天赏	郑亚平	2015年	谢泽南	吴庆林
1991年	林福荫	王双开	2016年	赖新结	陈振炜
1992年	苏建成	谢宗迁	2017年		
1993年	郑石南	林亚婆	2018年		
1994年	郑石埕	苏学能	2019年		
1995年	苏学能	林建来	2020年		
1996年	林开钓	李建设	2021年		
1997年	汤伟强	蔡志顺	2022年		
1998年	王建宽	苏仁财	2023年		
1999年	蔡明顺	谢龙成	2024年		
2000年	李乔宁	许永福	2025年		
2001年	郑勇进	谢龙和	2026年		
2002年	郑顺寿	苏复元	2027年		
2003年	谢力民	谢才谦	2028年		
2004年	董国强	许水强	2029年		
2005年	陈福江	许国明	2030年		
2006年	王清海	蔡全辉	2031年		
2007年	许进晃	蔡建忠	2032年		
2008年	谢协辉	林进寿	2033年		
2009年	蔡振裕	王建宽	2034年		

1983年政府落实宗教政策恢复信教自由。（因1966年文化大革命、宗教信仰被废除）成立理事会并于当年进行庙宇维修。

1984年农历12月16日恢复大道公博杯选正副主会及头家制度，当年重雕保生大帝、祖师公及关将等神像。

1985年4月造龙舟一对并每年5月初二举行龙舟赛，当年造辇轿一对。

1986年开始，每年正月初六恢复保生大帝前往慈济东宫谒祖进香。

1991年翻建朝真宫、并增建拜亭。

1992年建戏台。

1994年苏仁财先生捐资20多万元重建标准戏台一座。

1998年造国际标准龙舟一对，并建龙舟室一间。

1999年建演戏化妆室一间。

2000年建辇轿室（二层）。

2002年建宿舍楼（三层）一栋。

2004年铺设水泥庵埕。原庵前河由村委会填河造地为活动场所。(原庵前河13亩5分左右)。

2006年投资120多万元重新改建楼阁式朝真宫。

2007年再造国际标准玻璃钢龙舟一对。改辇轿室为理事会接待室。

2008年投资40万元肇建祖师殿及拜亭并重塑祖师公金身，并定在每年8月18日为祖师公巡安乡里日（即庙会）。

2008年起因国家法定节假日的制定，改定农历5月初四至初五举行龙舟赛。原祖师公庵坐落在姚厝角。

2009年投资60万元填河造地建赐福庵（土地公庵）造地面积：上埕长49米宽19米 = 798m^{2}下埕长38米宽10米 = 380 m^{2}共1178 m^2。（原土地公庙坐落在社里西面馆后）

2009年原渐美朝真宫理事会改为渐美宫殿理事会。

2010年建演戏厨房。

2012年祖师公庙会改为每年农历8月最后星期日为庙会日。

2013年土地公庙会原农历8月初4改为8月初二为庙会日。

2014年2月保生大帝、上帝公、妈祖、战公重塑金身。

渐美社宫、殿、庵自1983年起活动纪实

渐美村朝真宫理事组织情况纪实

1983 年，政府落实宗教政策，恢复信教自由。村民自发组织为朝真宫处理日常事务。

召集入：许如意（负责人）

成员：许添福、许全福、林清汉、许泉波（有时多人协助）

1990 年，筹备重修朝真宫并增建拜亭，理事人员增加林清谭、李埔地、许胜利。

1996 年，由村委会委任谢吉宁为理事负责人（理事长）。

自 1983 年朝真宫理事组织情况纪实

成员：

林九婴　许其士　苏九椰
许碰皮　谢建造　郑石南
许泉顺　许胜利　谢其随
林清谭　许全福　许月桂
陈福江　李埔地

2006 年，理事负责人谢吉宁退让，以博杯方式，大道公应杯同意郭振昌任理事会理事长。

成员：

林九婴　苏九椰　王清海　蔡亚聪　许泉跃　谢建造　许泉顺
林水守　李坪轻　郑亚平　许月桂　许全福　蔡大咀　杨清角
许亚熊　许乒士　许连平　许碰皮　许胜利　许胜国　谢吉宁
李臭贱　许元平　许团结　林建清　林青潭　黄　糊　黄和春
董国辉

芦坑村的原应宫及进香活动

芦坑村原应宫是芦坑自然村最大的宫庙，坐落于芦坑村的北端，离马青路不远，门牌号为芦坑村 48 号。原应宫始建于明朝洪武时期（1368—1398 年），至今已有 600 多年历史。清嘉庆十九年（1814 年）移迁本址。宫内碑文记载，原应宫曾于 1941 年重修。现在的庙宇飞檐龙柱、富丽堂皇，非常壮观，是 2005 年由华侨、中国台湾同胞、本地信众集资重建。宫庙右侧现存“思瑕守法”碑，清嘉庆十九年（1814 年）所立，至今也 200 多年了。宫庙左侧石墙上嵌着两根旧石柱，呈六边形，据芦坑村庙会热心人士郑忠华说，这是早年宫庙拜庭前面的两根立柱，上面刻着藏头宫名的楹联：“原溯其生群黎戴德，应有所感万众承庥”。新建原应宫拜庭时，由于石柱已经破损，并且高度不足，就重新加工了两个六方立柱，由郑忠华将原来的藏头楹联写上，再由石匠刻字。

原应宫外景

保存完好的楹联石柱

原应宫大殿神龛中间供奉着保生大帝、五安尊王和广平尊王分坐两边。神龛前供着虎爷和诸位战将，供桌上3个硕大铜制香炉正冒着缕缕青烟，一派庄严肃穆的景象。

每年正月初十是原应宫进香队伍前往青礁慈济东宫进香的日子。这天一大早，已经迁居到各个新建小区的大部分村民都会携家带口来到庙前大广场，点香叩拜，祈求保生大帝保佑一家平安。

在里三层外三层围观的村民们和信众们的关注下，庙会理事们跟随着乩童绕行广场中间的炭火堆。做完法事后，乩童一声大吼，随即赤脚穿过熊熊燃烧的炭火堆，众理事以及抬着王爷神轿的壮汉们也一起冲过炭火堆，随后带领大队伍浩浩荡荡一路步行，前往8000米远的东宫进香。到下午时分，大家浩浩荡荡又步行回到村里，回到原应宫庙前。虽然忙了一整天，芦坑社的村民们信众们还是年复一年，乐此不疲。

除了正月初十的东宫进香，原应宫每年还有三次大的庙会活动：三月十五的保生大帝生日、五月十五的五安尊王生日、六月二十五的广平尊王生日的庆祝活动。每到这些日子，信众们都会前来点香叩拜，原应宫大戏台上接连上演精彩的芗剧予以庆贺。

【芦坑村庙会热心人士郑忠华为宫庙为芦坑所写对联摘录】

原道护国佑民功驰中华大地，应德慈悲济众法播世界人天。

芦山永茂万紫千红景色美，坑水长流四通八达人间春。

原法力润泽黎民千秋传颂，原神功慈和济世万古流芳。

芦山辉煌欢庆经济改革新举措，坑水壮丽祝贺金融稳定好彩头。

芦山胜五岳三江歌颂国家安定，坑水通四海万众喜迎世界太平。

传承保生慈济文化，领各闽南风土人情。

同享闽南进香文化，共祈社稷和谐泰安。

喜原应宫神明谒祖进香庆典，迎芦坑社信众祈福参拜联欢。

原道济世历千年而不古，应德佑民载百福至长今。

原应神通润泽四海，真人千载慈济万众。

芦溪壮丽辉映九天，大道一心布施八方。

原应宫供奉保生大帝五安尊王、广平尊王神像

原应宫戏台

正月初十原应宫进香

信众到庙前广场的炭堆点香

香阵队在广场上表演

信众们进香前的祭祀活动

众人围着炭火堆绕圈

乩童即将过火

乩童赤脚冲开炭堆

庙会主会举着会炉冲过炭堆

原应宫香炉和虎爷神轿冲过炭堆

抬着王爷神轿的队伍冲过炭堆

大批信众们尾随神轿往村口行进

进香队伍浩浩荡荡徒步前往慈济东宫

第四章　人物故事

第一节　古村先贤

渐美人杰谢宗泽

在渐美村古往今来的先贤中，谢宗泽无疑是杰出的一位。谢宗泽生活于明代末年，进士及第后，曾在宦海沉浮，官至江西参政，但他不迷恋仕途，晚年回到家乡，耕读为业，教导子弟。乾隆版《海澄县志》专门为之立传。事实上，谢宗泽是海澄历史上首部县志的主笔人之一，可惜现在渐美村了解他的人并不多。据史料记载，他不仅是个官员，还是位诗人，同时更是一名关心民生民瘼的乡贤，也是见证地方官作为的长者。

乾隆版《海澄县志》的《人物志》记载："宗泽字丽卿，万历丙辰进士，由户曹出守长沙。公平廉威，政声煊赫，寻升江西参政。性本聪明，过劳案牍，遂请假归。构佛刹犀天山，率子弟读书其中，时以琴诗自娱。殁后矜士思之，立碣于芝山道一堂东，纪居乡之盛德，以示不忘。"

现存史料中，谢宗泽的诗作存世不多。《大岩山》或许是最为著名的一首。通读该诗可知，谢宗泽对家乡地理景观的深刻感悟，同时也道出了他对自然的热爱，以及对周边环境的细致观察。特别是诗中还提到了“鹭门”，也就是现在的厦门。厦门虽然与海澄相邻，但是隶属不同行政区，而谢宗泽也没想到，几百年后他的老家已并入厦门行政区。该诗现收录于乾隆版《海澄县志·艺文志》之中。

大岩山

大岩之山何嵂嵂，脉从文圃奇峰出。
山腰有个卷者阿，蛟之宫兮兔之窟。
何处高僧独结庐，新松古柏成苍郁。
雨后太武照眉间，潮来海水如盆溢。
层峦列障卷晴云，鹭门擎出扶桑日。
山麓到处是烟村，桑麻原隰比如栉。
维人有杰山有灵，都之人士堪俦匹。
从来良牧邺（恤）民艰，登临作赋谐声律。
吾家庐墓傍山涯，瓜瓞之绵如沮漆。
策杖时向此中游，大观远望常啣（衔）恤。
愿言海上熄鲸烟，长憩山岩甘隐逸。

梁明府增筑关城碑记

谢宗泽的《关城碑记》记叙了海澄县地方长官维护边防、海防的政绩。整篇文章行云流水，言辞简约、意义深刻，对广东番禺人梁公讳兆阳保境安民的实际贡献进行了盛赞。

澄治踞海陬，得通道，诸夷贸其珍异，藉舟楫之利，以腴丽甲于闽中，波恬日久，桑土谋踈（疏）❶。延及天启之丁卯，鲸鲵怒波，则邑实首罹其害，鄉（向）来腴丽遂倏转而凋瘵。迨都昌余公为政，始于大泥江上筑城置铳，以待不虞。已而警至，复于沿江垒土为矮垣如雉❷，亦置铳，备御寇。虽连舶猝至，竟不为灾，斯故垒之明效也。寇退，仍于港口筑关，曰“中权关”。自关沿江而下，复撤垒土矮垣而石砌之。庚午役未竣，属余公辑瑞人都❸，明年拜侍御史。

番禺梁公以长溪令有声，移治兹邑。下车相视诸形胜，即首命续矮垣而增筑之，沿江而下，直达于大泥之铳城，计长二百七十丈有奇，崇六尺有余。阅而壮之，因念兴除有数，规制在人，非其时弗兴，非其人弗举。莫为之先，无以阅非常之原；莫为之承，无以恢未竟之绪。天祚吾澄，后先得贤师帅，而六十年未备之规，一方民永赖之业，不三载遂底厥成。海氛频仍，无敢窥澄治数武❹，且偏师往御，败之江上。自今以始，战则胜而守则坚，于以破鲸鲵之胆而杜兵燹之衅。贝阙鲛宫从兹磐石矣。公为政未及半朞（期），百废具举。诸如祀先哲以厉学宫、练舆隷（隶）以佐戍❺伍、纂邑乘以备徵文。义阡之设、义仓之储、圭屿置兵迭戍之类，皆事事主创，独兹一举役出于因然，而因之功更倍于创。何也？隙穴溃堤，突烟焚室，非箕裘❻克绍，併弓冶之功废矣。易曰：“舟楫之利，以济不通。”澄治以之。又曰：“重门击柝，以待暴客。”明府以之。役既竣，邑人美雉堞之固、蕃宣之勤，徵言于余，以志永久。余惟庇在宇下，财不足资营缮，力无能负畚钟，唯吮毫濡墨，纪事之成，兹非天幸哉？遂不辞而为之。撰次以授子衿耆老而登诸石。

梁公讳兆阳，字若木，广东番禺人，登崇祯戊辰进士。

---

❶ 谋疏：军容基祸庙谋疏，尚记文登遣使初——陆游《寄题儒荣堂》

❷ 雉：城墙。古代城墙长三丈高一丈为一雉。

❸ 辑瑞人都：怀疑为“楫湍入都”的通假。

❹ 数武：很近的距离，武为量词，古时以六尺为步，半步为武。

❺ 戍：疑为“戍”的通假。

❻ 箕裘：祖先的事业。《礼记·学记》：“良冶之子，必学为裘，良弓之子，必学为箕”

❼ 绍：继也。

邑令刘公惠民泥泊碑

邑令刘公惠民泥泊碑则是谢宗泽关心民瘼、维护乡里利益的一篇名文，为渐美、芦坑留下了一份可贵的海滨历史资料，是后代研究渐美村沧桑变化的一篇重要史证。

三都地逶迤，独卢渐美❶倚山萦一带水，潮汐泥沙交而为泊❷，蛏蚬螺蛎❸诸鲜繁物其中，居民采焉足以自给，号为海田。泊之界❹，东抵钟林港，西至屿兜，南与长江毗限，北则渐之民有也。薪谷往来，鱼艘阗骈。时取渐之错贩易交贸，上输课米一石二斗，下赡乡民数百家❺，历掌多年，共恬无患。

---

❶ 卢渐美，即芦坑与渐美，古代就唇齿相依，现在也属于同一行政村，因此才有文中所叙背山靠海的地理状况。如今，渐美靠海但不靠山，芦坑靠山但不靠海，在断句上也有不同版本，有的版本把独卢归在逶迤之后，对其真意不甚了解。

❷ 泥泊，滩涂的意思，现在渐美、东屿、钟山三村交界处曾经为一片汪洋，退潮时呈现出一大片滩涂。据说，这片滩涂为渐美和钟山两村所有。有专家认为，中华人民共和国成立后这片滩涂填海造田，部分土地归渐美和东屿两村，文中的泊指此地偏靠渐美部分。

❸ 蛏蚬螺蛎指的是滩涂的海产品品种繁多。这些海产品也是闽南地区常见的较有经济价值的海产品。

❹ 泊之界，东抵钟林港，西至屿兜，南与长江毗限，这里讲的主要就是这片滩涂的界限所在，但是一些方位和现在的略有偏差。钟林港在今钟山村水美宫附近，而且渐美离九龙江甚远。“长江”绝非黄河长江的长江，也不是九龙江，而是东屿村的小海峡，犹如鼓浪屿和厦门岛之间的鹭江。由于东屿在古代被称为“长屿”，所以现在云塔寺石刻有“长江柯挺……”的字样，由此可知长屿与长江地理名称的由来。

❺ 下赡乡民数百家，渐美及整个海沧地区的沿海地带，许多地方在明朝时期，盛世则大兴贸易，乱世则寇乱盗边。根据《粤闽巡视纪略》记载，“近署安边馆，乃益知奸民曲折，其船皆造於外岛，泊於外澳或开驾以通番或转售于贼党，而嵩屿、长屿、渐尾、海沧、石马、许林、白石等澳在在皆贼之渊薮也”。海沧的这些地方也几乎都在渐美周围，该地即古月港对外贸易的一部分，因此人民殷实、人口众多，不亚于现在水平。

迩有邻乡巨姓者[1]，族豪人黠，瘠众自肥，集强砌堰，肆掠诸鲜。乡民苦之，相率走控。郡使君杜公，下邑父母刘公[2]鞫之，公细询舆论，具得其状，遂以法法其尤者，榜而立之界，俾黠者知慑，于是渐得长有其泊如故。夫戏穗刑童，威行大屑，团丝剖姥，惠止一人？犹且驰蜃吏声，扬徽治谱，乃若吾渐地卤民朽，佝偻爬拾，卒岁手龟足茧不得休，此其营生至蹙，博利至织，犹且卷奉老饕，菅命无寄。公一旦电灼而川导之，神君之德与水灵长，将有紫蚖如渠，洪珧专车。当合浦之珠还为邺漳之膏衍者，岂旋踵而瞻乐利哉？一尺之锦足以见长，旦暮拜纶，琐闱推阶，节钺有问，谏进海蚶淡菜何入者，则我公其选矣。公讳斯崃号太容丙辰进士江西豫章人。

渐美村的先贤之中，既出现了文人谢宗泽，也出现了明代武举人谢宸裱。明朝末年，内忧外患盗贼出没。居住滨海地带的谢宸裱刻苦学习武功，力保一方安宁，并因此留下了美名。渐美村另一个较大的族群许氏，其先祖许均正系唐朝末年从龙溪马坪前来渐美开居，成为渐美许氏始祖。到了清朝末年，渐美

[1] 根据目前的了解，渐美邻乡的大姓，有东屿李、柯二姓，钟山蔡姓，石塘谢姓。这一情况从古至今没有太大的变化。温厝一带小姓居多、规模较小，当不在考虑。在东屿柯氏宗祠内，也有一方碑刻记载柯姓与谢姓关于滩涂争夺判决的结果。从记载中可以推断，这处海滩也就是碑记中说的泥泊可能也与东屿柯氏相关，不过钟山蔡氏也是其一，由于年代久远，很难做出定论。

[2] 碑刻上所说的刘公，指当时海澄知县刘斯崃。有史书记载，他是江西南昌人，万历丙辰进士，天启二年任澄邑县令。郡使君指一郡长官，尊称。查询《漳州府志》中的知府、巡海道、分巡漳南道、同知、通判、推官等府级官员，未发现万历末年至天启间有杜姓人。

许氏家族中出现了一位名叫许朝姥的族贤，经商致富、乐善好施，其故事广为传扬。历史上，渐美村各个姓氏都有前往海外创业之人，涌现了不少在海外创业有成的各个姓氏先贤，成为一时俊彦。

第二节 渐美侨踪

历史上，面向海洋的渐美人富有弄潮儿的性格，在家门口扬帆便可通外洋，可谓“要下南洋，尽得舟楫之便”。从古至今，渐美人下南洋者不可胜数。这些渐美村的先贤们是历史上海上丝绸之路的实践者。根据《海澄县志》记载：明正德年间，有私造巨舶以通西洋贸易者得捆载而归争仿效之，法不能止。这一时期，渐美属于海澄县的三都，渐美村前的海滩很长的一段时间是明代中外走私船的避风港。不过，对民间来说，这些活动只不过是一种海上贸易挣钱的手段。而且渐美一带田多斥卤，庄稼长得不好，许多人就往海上跑、往南洋跑，所以渐美村的华侨史渊源久远。由于史料的匮乏，明代以及明代之前的有关渐美华侨的叙述十分有限。到了清代之后，渐美华侨的历史脉络才越来越清晰。不过，这一条脉络存在渐美人的亲戚血脉之中，只靠口耳相传或族谱的简略记载，系统的文字记录非常稀有。

2005 年，马来西亚槟榔屿三都联络局出版了一部专辑，纪念该会创办 105 周年，同时也纪念到南洋创业的三都人。专辑还特别列出专题叙述渐美：渐美村委会位于镇区东北 4.75 千米，滨临海港。其驻地渐美自然村有个传说，明代江夏侯周德兴在其村后挖了一条港，由于破坏风水致使该村景况逐渐衰落下去。历史上，渐美曾经是商船聚集之地。据说，明代的时候，这里是海内外走私船只的藏身之处，曾经非常富有这里始称“渐尾”，后来叫作“渐美”，寓兴复之意。“渐”字，有流入之意：东渐于海，又有引导疏通之意。《史记·越世家》称“渐九川”。以此推论，当地古时曾开辟了引水入海的渠道，而村落处其末端，故曰“渐尾”。

海外华侨对故乡的眷恋极为深刻。尤其可贵的是，为了不让乡音断绝，乡情减弱，在该次纪念中，马来西亚还特地邀请了许多与海外有血脉关系的海沧人，编成《海沧镇华侨社团通讯录》。渐美芦坑社的谢丰远被列为与海外联络的联系人。海外乡亲依然十分珍惜和祖地的情谊。追寻渐美的侨踪也已成为渐美人文历史的重要部分。可喜的是，村中许多长老都是过去侨界的人物，他们讲述了自家与海外的一段特殊亲情。目前，海外的“侨二代”“侨三代”“侨四代”回乡联络的渐渐减少，而祖地与海外联系的也日趋冷淡。但是，作为祖地应该把根留住，应该把这段历史留住，让今后海外寻亲、祖地寻根的后辈有史可查、有根可寻。

采访许小跃

采访地点：渐美村老人协会。

采访时间：2018 年正月初五。

父亲名叫许九番，实际上我们这个家族很早就有人下南洋了。父亲就是在南洋出生的，他的出生地是印度尼西亚，当时叫做“爪哇”，具体地点很可能就是现在的雅加达。父亲虽然出生南洋，但长辈们也都非常清楚地告诉他祖地就是渐美。当他在南洋有点起色时，他在长辈的鼓励之下，回到了他的根之所在地——海沧渐美，寻到根的人对故里就是不一样，所以他前前后后回来过好多次。他第一次回来的时候才 18 岁，后来又回南洋，这样反反复复好几次。因为南洋有生意做，其他族亲在南洋也有事业，当他晚年的时候，秉承前辈的说法：“还是家乡好。”所以，1954 年从印尼回来之后，他就定居在渐美，直至百年之后。现在，在海外，我们还是有许多族亲。除了印度尼西亚之外，有的在马来西亚，有的在新加坡。从我父亲这一辈算起，这些族亲起码有两三代了，可以想象人数是很多的。不过，他们基本都会成为海外不认识的亲戚了，很少有人回来认亲。

相关背景介绍

爪哇是印度尼西亚最重要的岛屿，全国政治、经济与文化中心地区。东西长约 970 千米，南北最宽处 160 千米，成狭长形。全岛最高峰塞梅鲁火山，海拔 3676 米，位于岛的东南部。山间多宽广盆地，许多盆地为印度尼西亚古代王国发祥地，现仍为发达的农耕地带及城镇中心。在历史上，爪哇是许多闽南人下南洋的选择地，因为那里很早就和中国有来往。在元代的时候，朝廷就曾派使节到爪哇。明代永乐年间，三宝太监郑和下西洋，到过爪哇杜板（Turban）、新村（Geiresik）、苏鲁马益（Surabaya）、满者伯夷（Madjapahit）和漳沽（Changkir）。到了清朝，一直有大量的海澄人、厦门人（海沧人）前往爪哇，因为那里有丰富的资源。

爪哇河流众多，北岸入海河流较大，主要有芝利翁、芝马努、梭罗、芝塔龙、布兰塔斯等河。岛上土壤肥沃，自然条件良好，矿藏有石油、煤、锰、铁、金、银、磷、硫、碘等。稻、玉米、茶叶、花生、蔗糖、木棉、金鸡纳霜、柚木等产量占全国产量的 60%~90%，还产橡胶、咖啡、油棕、椰子和可可。历史上，海沧人到爪哇，多数从事种植业和商业贸易。

采访许全福

采访地点：渐美村老人协会。

采访时间：2018 年正月初五。

我的哥哥许福安，18岁的时候随着渐美村的族人到南洋创业，他去的地方是马来西亚。这几天迎来了新春,也就是农历狗年（2018年），我刚刚得到讣闻，哥哥在正月的时候去世了，虽然他很高寿，远隔两地，作为兄弟还是非常伤感的。我今年也八十多岁了，哥哥在海外奋斗是很不容易的。18岁离家，98岁离世，整整80年在外打拼，想来不胜唏嘘。

哥哥在南洋时常挂念家乡，他的侨居地是马来西亚沙捞越的诗巫，那里有许多闽南人。历史上，海澄人在诗巫还成立了同乡会。渐美古代属于海澄县所管，至今，渐美人在诗巫的仍然说自己是三都人。听说他们过年过节的时候还一直保留着家乡的风俗习惯，现在哥哥去世了，但是嫂子还在，她也很高龄了，侄儿侄女也还有一大群。我现在年纪大了，只能相隔万里来想念他们，嫂嫂回来的可能性也不大了，希望侄儿侄女们能回来认认亲戚。

相关背景介绍

马来西亚诗巫（sibu）也称西布、泗务，还有人称为新福州，是一个以华人为主要人口的城市。当地人讲福建话（闽南话）和福州话。

市区内的从商人员90%为华人，主要产品为金融业、建筑业、棕油业、木材业和造船业。历史上，华侨都以祖国的子民侨居外地的心态来打拼，努力挣钱，寄钱回家养家。诗巫华侨一直有一个很好的传统，把中国的事当成自己的事。抗日战争时期，华人为了救国，把省下的钱都寄回国内支援抗战，甚至包括普通的人力车夫在内。

中华人民共和国成立之后，华侨在当地定居下来。1963年7月22日，砂拉越脱离英国殖民地政府，宣告独立。1963年9月16日，砂拉越、新加坡、文莱和马来亚签订条约，共组马来西亚。诗巫有华族文化协会、有华人基金会、慈善会、银行和6间华文独立中学（全马之冠），华文小学多达几十所，还有华人义山墓地。基金会、慈善会的本金，许多还是抗战时遗留下来的。这些方方面面构成了诗巫华人的心理态势，使他们在语言上、文学上认定了母语和普通话，形成了独特的文化基础。

采访许胜国

采访地点：渐美村老人协会。
采访时间：2018 年正月初五。

巧的是，我们内家和外家都有华侨亲戚。我的丈人姓王，在他的家族中，有许多人在马来西亚。例如，我丈人的哥哥和他的后人，就经常返乡探亲，亲人之间走动得很频繁。而我的亲叔叔、堂兄他们现在也都在海外，因为我们内家和外家都有华侨亲戚，所以还是经常有侨亲来往的。我手机里现在就有照片。尽管照片上很显示人气很旺，但这只是我们海外关系中的一部分。也就是说，海外有内亲、外亲、姻亲、直系亲属很多。他们分别居住在马来西亚的不同城市，由于每个亲系都有好多人，我们前往探寻时总要约一个大家方便到达的地点，或者某个亲戚的家中，然后大家再一起汇集过来。见面后，大家会一起唠唠家常，经常会提起各个亲戚的近况，讲讲家乡的变化……一起吃饭时气氛十分和乐，情融融。

我国一向对华侨和侨眷有很好的政策，包括民生和经济方面的。在几十年前，华侨回乡探亲国家特别允许可以带回国内一些紧俏商品。华侨亲戚回来都带有几大件：自行车、缝纫机、电视机、三用机等。当时，这些东西都是很惹人眼的，因为这些东西在国内都要凭票供应，还是国产的，而华侨带回来的东西是进口货，大家的眼光和感觉都大不一样。特别是有人家里办喜事，摆上一两件进口货，都会使喜气倍增。虽然现在这些东西在国内一点都不稀罕了，但是我还记得1979年海外亲戚从马来西亚回来带的电视机是13寸的。这台电视机是渐美村的第一台电视机，它的出现就在整个渐美村引起了轰动。这就是历史，通过历史的比照，可以感受到社会的发展，也可以回溯一段海外亲情。

相关背景介绍

马来亚（Malaya），原来是属于大英帝国殖民地之一，1963年，马来亚联合邦联同新加坡、沙巴及砂拉越组成了马来西亚。首都为吉隆坡，联邦政府则位于布城。1965年8月，新加坡退出马来西亚。

历史上，海沧人到马来亚创业的华侨众多，马来亚变革成为马来西亚后，他们也就成为马来西亚的华侨。在新加坡的则成为新加坡华侨。马来西亚是一个多民族、多元文化的国家。马来西亚是一个新兴的多元化经济国家。其经济在20世纪90年代突飞猛进，成为“亚洲四小虎”国家之一。马来西亚已成为亚洲地区引人注目的多元化新兴工业国家和世界新兴市场经济体。正因为这个原因，所以许多渐美村的华侨一直和祖地还有比较密切的联系。

采访许添芬

采访地点：渐美村老人协会。

采访时间：2018年正月初五。

海外的华侨都有一个观念，希望在海外的家族也能在祖地留下一点根。我的家庭从祖父一代起就在海外打拼，祖父之前是否已经有人也在海外难以稽考。我的父亲许长进也是在海外，根据长辈们的夙愿，为了留住一点乡愁，留住一点根基在祖地，我从小就被从海外带回到了渐美村，所以我真像个海外倒流人员。父亲在我回到祖地之后也时常想念我。我后来落户在了渐美村，也在渐美村成家立业了，这对父亲来说也是他愿望的一种实现。虽然他不能亲自回到祖地安家，但却有子嗣回来，这也是当时许多海外华侨的一种做法。父亲许长进最后也没能叶落归根，他在海外走完了整个人生。父亲辛勤一生，有点家业在海外，在新加坡有一个店面，是父亲名下的。父亲走了之后，海外没有他的直系子女，他的遗产根据当地的法律转到了我的名下。但我已经是个中国公民，海外父亲的遗产，对我来说是鞭长莫及的，并没有实际意义。但父亲还有兄弟在海外，后来通过联系，亲情发挥了特殊的作用。虽然他们跟父亲只是兄弟关系，遗产是由我继承的，但我还是愿意把已经转到我名下的产业赠予在海外的叔叔家。外国人讲究手续完整，我为此事特地跑了一趟新加坡，在产业赠予书上签了字，也等于放下了一段心事。

链　接

新加坡共和国，简称新加坡，旧称新嘉坡、星洲、星岛或实叻坡，别名为狮城。在海沧，老一辈的人都把新加坡称为实叻坡。新加坡是东南亚的一个岛国，北隔柔佛海峡，并与马来西亚为邻，南隔新加坡海峡与印度尼西亚相望，毗邻马六甲海峡南口。国土除新加坡岛（占全国面积的88.5%）之外，还包括周围63个小岛。历史上，到新加坡的海沧人都有一种相互关照的传统，在商业贸易、店员招聘、货物运输等方面，只要知道同是三都人或渐美人，在交易中就自带亲情。在新加坡，即使不懂马来语，用闽南话交流常常也可以畅通无阻。

1942年2月15日，新加坡被侵略的日军占领。1963年加入马来西亚。1965年新加坡正式独立。

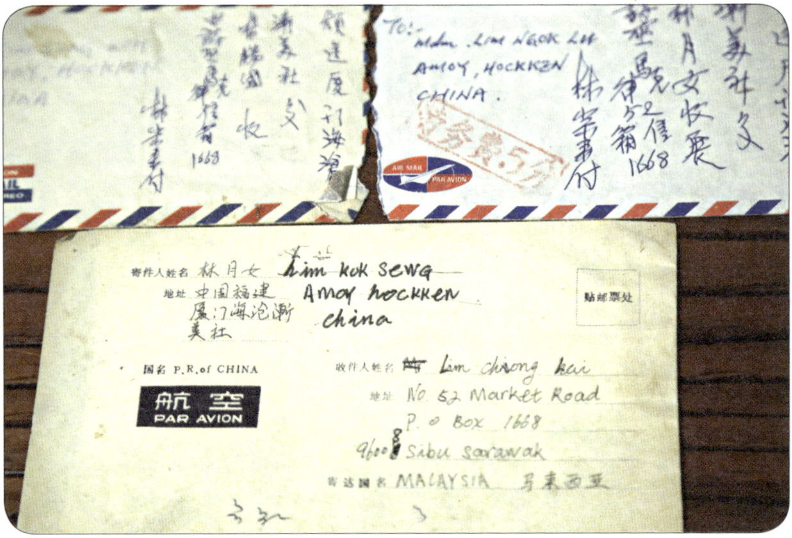
AIR MAIL
PAR AVION
寄件人姓名 林月女 Lim kok sewg
地址 中国福建 Amoy hockken
厦门海沧渐 china
美社
贴邮票处
国名 P.R.of CHINA
航空
PAR AVION
收件人姓名 Lim chiong kai
地址 No. 52 Market Road
P. O Box 1668
96008 Sibu sarawak
寄达国名 MALAYSIA 马来西亚

来往书信

宗亲合影

新加坡是东南亚国家联盟（ASEAN）成员国之一，也是世界贸易组织（WTO）、英联邦（The Common Wealth）及亚洲太平洋经济合作组织（APEC）成员经济体之一。至今，许多华侨和海沧都有深厚的亲缘关系，时常有交流和往来。❶

第三节　人物访谈

渐美村王顺贤老人采访记

采访时间：2016 年 4 月 19 日。

2016 年 4 月 19 日，久雨的厦门终于迎来了艳阳天。依照上午的约定，“风土海沧”调查组于下午两点半来到了位于农贸市场附近的渐美村 228 号，帮引路的渐美村热心人士许胜国打开虚掩的小铁门，大家走进了王顺贤家的小客厅——一间旧陋的中药铺房兼茶客室。

小客厅大约只有 10 平方米，正面墙靠右边是一排简易的铁制立架，上面整齐地摆放着一包包常用的中药材。王顺贤老人正坐在茶桌边看着当天的《中国国防报》。看到调查组进来，他赶紧站起来招呼大家落座喝茶。

王顺贤老人生于 1939 年 7 月，他说话声音洪亮，身体相当硬朗，只是左腿有点微跛。问起才知，由于早年干多了农活，以致他的左膝盖酸痛走路有点影响。

没来之前就听大家介绍说，老王通晓天文、历史，并对中医药

❶ 在做风土调查时，所进行的渐美侨踪采访，只是渐美村民中相关侨眷的一小部分。受制于种种因素和条件，采访受到了局限，但根据了解，历史上，渐美人侨居海外的地方不仅仅是上属的几个地方，在东南亚，还有缅甸、文莱、槟城、泰国、安南、菲律宾等地。

很有研究，而且记忆力极好极且善谈。调查组落座后，他就滔滔不绝地打开了话篓子。

我们渐美村的王氏家族是我的高祖父在光绪初年从安溪县迁到厦门来的，传到我是第5代。繁衍至今，全村共有王氏子孙10多户。我的高祖父和曾祖父都是清朝末年的建筑师，据说当年在厦泉一代相当出名。我曾祖父在清末漳泉建筑统考中取得过第2名的好成绩。海沧的院前村、柯井村等村庄，很多的古民居都是出于他们之手。听说位于厦门港的电厂大烟囱也是我的高祖父和曾祖父设计并建造的。到民国时期，因兵荒马乱，百业凋零，建房子的人少了，当建筑师的祖父也失业后回家务农，家境逐渐衰微，生活渐入清贫。由于我父亲在1940年曾当过8个月的副保长，所以中华人民共和国成立后家里的成分一直不好。我的农活技术好，劳动又积极，虽然没能入党但我是非常热爱我们的党和国家的。

以前，渐美村比较贫困，村里的孩子很少有机会念书。1950年，政府派来了一个教师担任渐美民校的校长，名叫刘汉生，当年才23岁，是温厝村马垅社人。那时我已经12岁了，赶紧到刘老师的民校报了名。同去报名的一个小伙伴从小就没有名字，大家都叫他“乞丐”。报名时，刘老师说“乞丐”不好听，就给他取了个大名叫“许其庆”，许其庆后来曾担任渐美村的生产队长、大队长。当时，我有一个同桌同学叫郑清波，我们二人在班上学习成绩最好，轮流考第一，老师就安排我们二人负责学校上下课的敲钟，还可以不参加班级的扫地，那时觉得特别开心。刘老师教了我们很多实用的文化知识，但我由于家境不好，只念到四年级就辍学了。郑清波则继续升学，最终考上了上海的复旦大学。刘老师在渐美村担任了10多年的民校校长，而后调到龙海，直到退休才回到马垅社颐养天年。这么多年来，刘老师对我的教导我一直铭记在心，并把刘老师尊为自己的恩师。每年过年，我都会带一些礼品到马垅社拜望刘老师，聊聊旧时情。一直到去年，刘老师91岁仙逝才终止。

辍学后，我继续利用业余时间努力学习各种文化知识，并于1970年开始担任渐美大队第一生产队的会计，一直担任到1983年。那时，我们生产队有280多人，会计的工作重要且繁杂。在这期间，我的算盘都打烂了好几架。当时的生产队长就是我的同学许其庆，他很信任我，我也尽力辅佐他的队长工作。后来，队里的生产越搞越好，社员们的劳动报酬越来越多。从1979年开始，连续四年，我们生产队的分红在海沧镇都是最高的。1983年的工分值达到了两角三分，其中还不包括几千元交给大队的剩余款项。队长许其庆也因为工作出色，连续几年被评为厦门市劳动模范，他至今还享受着劳动模范的补贴。

改革开放以后，村民们的生活渐渐好转。大家都感谢改革开放的好政策。1997年2月19日，看到电视里播出邓小平去世的新闻，我当时就扑通地跪在电视机前。我下跪的主要原因有两点：一是他老人家帮我改了成分，让我不再低头做人[1]；二是他的贤让做法，到了年龄就退休，不搞领导终身制。

随着海沧区的建设和发展，近几年，渐美村的土地大多已经被征用。我利用自学的中医药知识在自己家里为村民服务。众人如有中医内科的病患都会来这边找我抓些中药服用，我对中医妇科也有较深的研究，经常为一些村民生育难题进行调理，也有了一些名气。我家的这个客厅经常人来人往，大家都喜欢坐在这里谈天说地。但是我对来这里的人是有要求的：一是不赌博，二是不喝酒，三是要爱国。不符合这三点的人，我是不欢迎的。

我很佩服当时村里的一个名人，他名字叫罗振和，1916年在渐美村出生。抗战时期，25岁的他只身一人偷偷游泳到厦门岛，

---

[1] 1979年党的十一届三中全会作出的一个很重要的决定："摘去全部地主、富农份子的帽子，称他们为社会主义的劳动者。"对于他们的子女来说，他们终于可以挺起胸、抬起头和其他人一样在共和国的同一片蓝天下自由地呼吸。勒在上千万"剥削阶级"子女及其亲属头上出身不好的"紧箍咒"被摘掉了，以"出身"界定人的优与劣的时代也已一去不复返了。

抓住了一个日本军官，并砍掉了他的脑袋，然后带着日本鬼子的头颅游回到嵩屿，向当地的驻军报功，这事在当地引起很大的轰动。当时的国民党守军封他为抗日志士，并让他担任漳码（漳州石码）宪兵队长。抗战胜利后，他就搬到厦门岛居住，后来到台湾去了。

在党的领导下，我们农村老人的生活也越来越好，村民们有了社保医保，到了一定岁数的老人，每个月还会领到固定的生活津贴。我利用以前掌握的天文地理知识，义务为众人服务，如给小孩取名字，给新人办喜事选日子等，我的日子过得很充实、很安逸。

我对渐美村的村名来历有自己的看法。厦门本地话称“渐美”为“斩尾”，这是有确切历史依据的。

明朝初期，洪武二十一年（1389 年），朱元璋派遣江夏侯周德兴到福建练兵、筑城，并在嘉禾屿修筑了厦门城。周德兴到漳厦一带除了练兵筑城，还有一项使命，就是要破坏九龙江口的风水，要把各地可能会出帝王的龙脉都挖断，杜绝当地出“天子”而日后对皇帝的宝位造成威胁的隐患。渐美村所处的风水位置极佳：从海沧文圃山—古楼村—洪坑村—渐美村—厦门岛云顶山，是一条直线。渐美村坐西北、朝东南，位于这条线的中心位置。其前方是鼓浪屿，再远方是南太武山，正对九龙江出口，涨潮时海水可以到达村前 50 米的码头边。站在高处可以看到龙形的鼓浪屿(此处有龙头路）和虎形的鸿山（此处有虎头路），恰似左虎右龙，真是好风水。江夏侯周德兴来后也看到了此处的大好风水，于是他就下令毁掉这条帝王龙脉。当时，他派人在村子四周挖了好几条深沟，决议要斩断龙尾。现在还可以在村庄周围看到当年深沟的遗迹。后来，这地方就被称为“斩尾村”。其实，据我了解，这种左虎右龙的风水只会出大官，不会出天子的，洪武大帝和江夏侯也是多虑了。

其实从宏观风水概念来看是斩断龙尾，而从微观形态来看，则是斩断龙头，即龙虾入港的头部。此外，从地名分析，由于劈斩处原有一个村庄，叫上洪村（现为浙美村北端的角落，叫上洪角），“上洪”与“洪武大帝”同有一个“洪”字，因而揣测当年不敢将此地称为“斩头”，所以说宏观上是“斩尾”，微观上是“斩头”。

当然，江夏侯周德兴所判断的不仅仅依据“左虎右龙”这么简单的生态因素，他必定是综合考量多方面因素而最终付诸实施的。

浙美村许汉民老人采访记

采访时间：2016 年 6 月 16 日。

暑天的下午，室外热浪滚滚，浙美村新建的老人会活动室里却凉爽怡人。屋角一台柜式空调吹出阵阵冷气，七八个老人坐在桌子旁边，边泡茶、边认真看着对面墙壁上挂着的大彩电。屏幕里的芗剧剧情吸引着大家的注意力。旁边小桌上两位老人悠闲地下着象棋，“你拱卒我别马”不慌不忙。要采访的浙美老人许汉民正在其中。

汉民老人看到调查组来了，赶紧把棋下完就坐到采访人员的桌子边上，打开了话匣子。

我于 1937 年 3 月 19 日出生在浙美村，当时正值战乱时期，为逃避国民党军队抓壮丁，我父亲和四叔一起下南洋。这一去，多年毫无音信，我母亲在爷爷奶奶的帮助下，好不容易把我拉扯大。1945 年抗战胜利，那年我 8 岁，因为浙美村当年没有小学，家里就送我到钟山村的一个私人学校念初小❶。初小毕业后，我到石塘小学上了一年高小，又到海沧的沧江小学念完高小。1952 年小学毕业后，我以优异的成绩考入海沧中学，母亲只能用从牙缝里省出钱来供我读完初中。初中毕业后，以我的成绩本来可以继续升学进入普通高中，随后念大学的，但是家中的经济条件没有办法支持，我就

---

❶ 初小为只有低年级的小学，高小为有高年级的小学，完小是有低年级至高年级的小学。

报考了包吃、包住、包学费的集美航海水产学校。那时候，学校的开销都是陈嘉庚先生来承担的。

1958年，我从集美航海水产学校毕业，被分配到了浙江省水产厅研究所工作。1961年，政府提出了个八字方针“调整、巩固、充实、提高”，政府机构要精简职工，我们当时分配到水产厅的几个同学都于1962年被下放回乡，回到渐美村了。

那时，渐美是从海沧公社分出的小公社，我就在公社当个临时工，是税务助征员。两年后，渐美又被并入海沧公社，我也跟着到了海沧公社，继续担任助征员。一直到1971年，政府落实了下放政策，我才恢复了干部编制、待遇和工资级别，担任了公社出纳员，同时还继续兼任助征员，负责征收全公社的农业税和特产税。

1972年，我被调到海沧农行，负责税务和市管工作。1978年，我调入厦门市郊区（集美区）财政局，任农财股长。1984年，郊区开始筹建审计局，我又被抽调出来，负责组建区审计局，最后留在审计局担任副局长，直到1997年退休。在此期间，我还跟随集美区副区长林健聪参加了1991年海沧投资区的征地办工作。

退休后，我跟着儿子在岛内生活。后来，我的老母亲吵着要回老家来居住，我们于1999年在渐美村盖了个二层小楼就搬回村里来了，现在大家还推选我担任许氏宗祠的理事长。

我父亲下南洋几十年都没有音信，一直到他去世后，我的四叔才带着我同父异母的弟弟回来寻亲，我们也于2008年到印度尼西亚去看望他们。

我退休后的生活很安逸，每天上午在祖屋（许氏祠堂）泡茶聊天，下午在老人会活动中心下棋、看电视。家里有几间房屋出租给打工者，租金虽然不多，但补贴家用却也够。上次生病住院花了一些钱，医疗保险基本都给予报销了。

关于许氏族谱，“文化大革命”期间时已经被毁，渐美村的许姓人家是何时从何处搬过来，可以再去找知道的老人家问问看。

下午对许汉民老先生的采访暂时结束，调查组跟着他出了老年会，从村里小巷来到了许国清老人家。

许国清老人今年 93 岁了，是许汉民的三叔，是村里许姓辈分最高年龄最大的老人之一，他是许氏宗祠前一任的理事长。由于大腿曾经骨折过，他现在只能卧床休养，在家看着电视。但老人家的思绪还是比较清晰，一些事情经过回忆都可以慢慢想起来。

他说他也弄不清楚许氏人家是哪一个年代迁徙到渐美村的，但记得听老父亲许信曾经说过，渐美村的许氏最早是从晋江的石龟村分支到海沧的。曾经有渐美村许氏人士前往石龟许氏祖庙拜祖，看到他们的族谱上记着“分支海沧渐美村”，但是没有具体的年代和时间。❶

渐美村王清海采访记

采访时间：2016 年 6 月 30 日。

王清海老人是渐美村前任老人会会长，去年卸任后由郭振昌会长接任。

出生于 1940 年的王清海已经 70 多岁了，身体仍然很硬朗，说话声音洪亮。谈起过往事情，他如数家珍，记忆力一点不输当年，难怪他能在农村会计的岗位上一做就是将近 40 年，而且不曾出过差错。

渐美村的王氏人家有十多户，大多是 100 多年前从安溪迁徙来的；1896 年，由渐美村的王氏亲戚介绍，我的曾祖父、曾祖母带着三个儿子举家从安溪迁来。那年，我祖父王和川刚满 19 岁，已经是一名技术熟练的泥水工。他来厦门后参加建造了不少房子，至

❶ 经过查询，石龟村的《许氏族谱》也曾经在“文化大革命”期间被毁。石龟村官方网站中提到，经四百年左右族谱没有再大修，原谱毁于“文化大革命”。

今东屿村还有他当年所建未拆迁的古建筑。我的祖父是长寿之人，1968 年去世。那年他是 94 岁，在渐美村没有几个老人有他那么高寿的。

到了民国时期，建筑行业不景气，我父亲就没有接祖父的班继续做泥水工，只好向有钱人家租土地耕种，生活很贫困。当时我们一家有 14 口人，父母亲、三婶、我们七兄妹，三婶的三个儿女，大家挤在一间占地 80 平方米的小平房里居住。因为我三叔 1937 年就去世了，二婶、堂兄妹都跟我们一起生活，并没有分家。记得小时候，为赚一点零钱贴补家用，我跟着哥哥姐姐、堂哥堂姐后面，到海边滩涂上去挖“土蚯”（土笋冻的主要材料）。大家顶烈日、踩烂泥，挖了一天“土蚯”都换不到多少钱。

1948 年，家里省吃俭用让我到钟山小学去读一年级。1949 年，厦门解放了，我们一家被评为佃中农，分了田地，日子逐渐好过了。那一年，渐美村也办起了学校，可是只有三四年级，我就跳过二年级，直接上了三年级，老师还夸我书念得好。念完初小，本来要到海沧街那边念高小，可是家里经济困难无法让我继续升学。辍学后，我就开始帮家内打杂工，在野地放牛，到荒山割草。十四岁那年，我就开始下田劳动了。而后，村里陆续办起了互助组、初级社、高级社，我也逐渐成长为一个全劳力。1958 年我还到岛内的工程机械厂打了 8 个月工，增长了一些见识。

1959 年，我回到村里生产队劳动。一年后，可能是看到我从互助组开始就一直担任记工员，工作认真负责并且不出差错，渐美大队领导派我到位于鼓浪屿的厦门财经学校学习会计知识。一个月学习结束回到村里后，我从 1961 年 1 月开始担任第二生产队的会计。1965 年，厦门农村跟全国一样开展社会主义教育运动，对农村财务等进行“四清”。经过认真查账，我的会计工作没有出现任何纰漏。当时的大队长苏九椰、书记许其能对我很信任，指派我从 1966 年 1 月开始担任渐美大队的会计。

那时候的大队会计不光要管理生产大队的财务账目，白天还要跟正常劳力一样下田劳动，晚上回家再来做账，同时还要管理大队的公章，给社员们开自产条的证明，好让大家第二天一早就可以到菜市场去卖菜。但大队会计的劳动报酬却并不高。那时候的政策是，大队会给会计一定的工分补贴，但是加上本人下田劳动所得工分，不能超过本队强劳力的全年总工分。由于那些年队里的工分值很低，每个工分都只有五六分钱，一年满打满算，才能拿到6000工分，分红只能拿到300多元钱。虽然报酬不高，但我还是非常热爱自己的会计工作，多年来毫无怨言。

1977年开始，渐美村又让我兼任村里的户籍员和统计员，我的工作量又增加了不少。村民们生老病死的户籍变化要经常更新，大队的农作物如水稻、地瓜、蔬菜等的生产计划和完成情况要及时统计，我还是一如既往地努力做好自己的工作。直到1990年海沧地区大开发，村里的征地拆迁等各项工作增加了不少，另一个村民小组的会计谢金生才接任户籍员和统计的工作。

1983年，大队改制为村民委员会，我继续留任村民委员会会计。那时不记工分了，每个月村民委员会发给我几十元的补贴，虽然只能买两三包烟，但是我想到能继续为村民服务，心里就满足了。这一做又是22年，2006年，村级财务取消，由海沧街道统一管理，我才从会计岗位上退了下来。从1961年一直到2005年，我不间断地当了45年会计。

大队改制为村民委员会的同时，村里土地也实行了承包制。1983年我们家开始养猪，成了渐美村比较出色的养猪户，每年都有九头猪要出栏。由于用了大量自家精心种植的牛皮菜、高丽菜叶、地瓜叶及大南瓜喂猪，而且养猪的周期都要养满10个月，我家的猪肉好吃，在附近的名声特别好。

改革开放以来，我家的住房条件也不断改善。1966年，我结婚时因为没有住房，那时是住在岳母家分的一间很小只有40平方米的华侨房屋。1984年落实华侨政策，房屋被收回，我就向村里申请在一块晒谷坪埕上建了一间木质的平房，1997年又拆掉建了一座两层半的小楼房，一家人总算住得比较宽敞了。2012年和2013年，儿子又建了左右两侧的楼房用于出租。

退休后，2006年我被选为渐美村老人会会长，也为村里的老人做了一些工作。后来，我辞去了会长的职务，现在日子过得轻轻松松，家里的经济财权也早就移交给儿子，操心的事不做了。我天天都到老人会或者祖庙见见老兄弟们，聊聊天、看看电视、泡泡茶。生活上更不用愁了，我爱好芗剧文艺，对敲、打、拉、弹、唱都有兴趣，经常和村里几个文艺爱好者聚在一起娱乐消遣。自从海沧区为征地农民办理社保，我于2005年一次性缴纳了社保金28700元，并于2006年就开始按月领取养老金了。最开始每月是542元，而后每年都增加一些，到现在每个月都会领到1700多元的养老金了，足够自己花费了。在渐美村，绝大部分老年农民都办了农村社保和医保，大家老年生活有了保障，农村的社会环境也越来越好了。

渐美村老人会长郭振昌采访记

采访时间：2016年4月29日。

2016年4月29日，调查组在渐美村新建的老人活动中心二楼见到了刚刚接任渐美村老人会会长的郭振昌老人。以前，采访成员在外资企业工作时，曾就组织员工参加渐美村龙舟赛与时任朝真宫庙会会长的郭振昌有过多次接触。七八年未见，郭会长没有什么大的变化，身体还是那么健壮，办事还是那么利索，思路那么清晰。问后才知道，出生于1947年8月的郭会长，虚岁已经70岁了。

坐在窗明几亮的老人会办公室里，郭会长谈起了他的过去。

与渐美村大多数村民不同，我是在海沧镇老街出生的。我们郭家最早是住在后井石甲头的郭厝。据说因为风水不好，那地方的几户郭氏家族连续多年都是世代单传，于是大家纷纷迁往外村。郭厝很早就消失了。

当年，我父亲为躲避与父母从小领养的童养媳成婚，只身一人漂洋过海跑到越南，投奔在当地开米厂的大姑去了。后来，奶奶病重，已经在越南娶妻生子的父亲连忙预订船票赶回厦门。可是由于当时交通不便，船期较长，在等船的日子里，当地发生瘟疫，父亲的四个家人先后病故。父亲伤痛欲绝，还好大姑一直安慰他，并答应以后将每个月寄钱回厦门给他补贴家用，父亲才强抑悲痛收拾行囊踏上回乡的路程。

回到厦门，奶奶也已去世。后来，父亲就在海沧老街住下，48岁时又与我的母亲结了婚。我外婆是渐美村人，1952年，在南洋的二舅接外婆去马来西亚居住，渐美的旧房子和一些田地就让我母亲看管。那时我刚五六岁，我的小弟还不会走路，母亲就带着我们两个兄弟搬到渐美村居住。外婆每逢年节还寄回一些钱物资助我们。1957年，外婆也回国和我们一起居住了。我的父亲则还是住在海沧街。他那时在居委会担任一些职务，后来当选为海澄县人民代表和人民陪审员，直到1957年去世。

渐美村的人对我们一家太好了，一点不歧视外村人。我们在这边一住就是六七十年，早已把这里视为自己的故乡了。

搬到这边后，我在渐美小学读了三年书。那时的校长是许章老师，他为人很好，又很会教书，学生们都很喜欢他。可他因为历史问题后来被调到农场，没几年就病死在那边了。1961年，海沧公社分为三个小公社，渐美村和钟山村合并成立了渐美公社，渐美的学校就并入了钟山学校。当时，谢建昌是我们的老师。他是本村谢添寿的父亲，我小学的第四年书是在那边念完的。念完初小，我升学到石塘的学校念了两年高小。那时，许仁义老师刚从师范学校毕业没多久，担任学校的教导主任，第二年他又升为校长。

小时候，家里的生活比较穷困，而我母亲的勤俭持家在附近是远近闻名的。家里一直流传着一个真实的小笑话：一天晚上，母亲点灯时掉落了一根火柴，因为屋里太黑，看不到掉落的火柴在哪里，母亲就连续划了三根火柴，终于找到了掉落的那一根。而每逢过年，家里的菜没有吃完，母亲都会每次加一些新蔬菜一直翻炒，直到三月节才会吃完。由于母亲的节俭，我们兄弟几个娶媳妇，都是用自己家的一些积蓄，没有向别人借钱。

小学毕业后，我在村子附近捡牛粪贴补家用，并在17岁时开始参加生产队的劳动。一年后，我当上了生产队的记分员。过了两年，我当上了小组长，后来又当了两年的政治队长（“文化大革命”时期农村增设了这个职务,协助生产队长进行生产队管理）。1970年，我当上了渐美大队第二生产队的队长。当时，我是全大队七个生产队最年轻的生产队长，而且在这个岗位上一直干了11年，这期间的酸甜苦辣也是一言难尽。

渐美村的土地较少，水田更是不多，第二生产队人均田地不到一亩。那时产量低，分的口粮折合大米每月只有二十几斤，大家都不够吃。那些年，生产队的工分值只有六七分钱。壮劳力天天出工，一年可以挣5000工分，每年分红到手的钱没有几百块，而且基本都拿到角美买粮食去了。还好每人有一分自留地，可以种一些蔬菜，送到厦门菜行去卖。自留地还种了一些猪饲料，养猪卖给国家也可以作为贴补家用的收入。

1982年，开始实行承包制，田地分到各家各户，我家6个人分到了6亩地。在完成农活的同时，我还开了一家小店铺，虽然忙了一些，但家里的生活水平慢慢有了提高。

1991年，我当选为副村主任，后来又被选为村党支部委员，在村党支部和村委会的岗位上服务村民整整15年（连续五届），直到2006年光荣退休。农村干部的退休补贴近年也有了一定的增加，像我这样工作9年以上，没有违纪行为的村“两委”干部，到今年年底就可以拿到定额补贴了，每月660元，加上社保，退休的生活很有保障。

在村党支部和村委会的支持下，由村里的爱心人士蔡宗泽先生大力赞助，渐美村老年活动中心经过一年的建设，于去年下半年投入使用。

渐美村蔡大嘴老人采访记

采访时间：2016 年 7 月 22 日。

7 月的天气一大早就相当炎热，上午八点多调查组跟随联络人许胜国来到渐美村蔡氏祖庙“隆诒堂”，进了大门就觉得还是这里比较凉爽。正在前厅小方桌泡茶的蔡大嘴先生见到调查组赶忙让座，喝了一杯浓浓的厦门老茶一枝春，顿觉暑气消了不少。

蔡大嘴老人身体异常壮实，精神矍铄，根本看不出他已经 74 岁了。他是渐美村蔡氏族人中辈分最高的老人之一，因热心公益被推选为隆诒堂理事会的主要成员。老人家说，要赢得大家的尊重，最重要的是做人要有为公之心，要公正，不能有私心和偏心。我们一边喝茶，一边向他了解了他个人、蔡氏家庙、渐美村龙舟赛的一些情况。

蔡大嘴老人出生于 1943 年，小时候家人靠租种有钱人家的田地为生。每年要交租，收成的谷子、地瓜交完租就没剩多少，由于一家人难以糊口，老父亲就挑着货郎担到周围村庄，四处叫卖一些针头线脑，赚点小钱贴补家用。父亲每天晚上很迟回到家里，腰酸背痛，大嘴作为家中的长子，经常用自己的小手为父亲捶背揉肩膀半个钟头，消除父亲的辛劳，换来老人家的笑容。因为生活贫苦，大嘴只念了三天的私塾，就去放牛去了。13 岁时，村里成立了互助组，就开始参加集体劳动。后来，经过发展，渐美村的农业经济有了持续的提高，村民们的生活水平也得到了不断提升。

2006 年，蔡大嘴老人也和渐美村其他同年龄老人一样，一次性交了 28300 元社保费用，现在每个月都可以领取 1700 元的养老金，老伴也可以领取1650元。虽然农村各项人情和应酬礼节比较多，但这些钱还是足够老两口花的。儿孙们也都生活得不错，自己的老年生活没有什么需要发愁的了。

蔡大嘴老人年轻时就喜欢拉二胡，退休后还参加了海沧区老年大学的艺术学习，现在经常到钟山村、东屿村找老伙伴们在一起吹拉弹唱，欢乐度过一天后才回村。

蔡大嘴老人还是渐美村龙舟队的舵手。从1985年开始，每年的端午节前后，渐美朝真宫都早早地开始做赛龙舟的准备。四月初一，朝真宫前就挂起一面彩色大旗，意思就是向海王报告，渐美村下个月就要赛龙舟了。而从这一天开始，当届的朝真宫主会（理事长），每天下午都要来到朝真宫，在宫里敲打一个小时龙鼓，而且要连续敲鼓一个月。可以想象，渐美村龙舟赛的气氛随着鼓声越来越浓烈了。

五月初一，朝真宫要为龙舟赛举行“请水”仪式。庙会的理事们敲锣打鼓到海边装满一锅海水，用车运回庙里，供奉在保生大帝神龛前面，以求海王爷和保生大帝的保佑。

渐美村龙舟赛由朝真宫庙会理事会牵头主办，为比赛提供矿泉水、出场费、奖金等。在村党支部和村委会的支持下，龙舟赛越办越红火。渐美社有4个生产队（后改为村民小组），在龙舟赛鼎盛时期，每个生产队都会组织3支龙舟队参赛：男一队、男二队和由姑娘们组成的女子队。赛前一周，各个龙舟队就开始分批在龙舟池训练，天天龙鼓咚咚，喊声阵阵，好不热闹。由于有12个队参赛，而龙船只有两艘，比赛要举办三天才可以决出冠亚军。龙舟赛结束后，朝真宫还要举行“送水”仪式，照样是敲锣打鼓将一锅水送往海边，在海边祭拜海王爷后才回村。

早期的龙船比较简易，是木材制成的平头木船，在船头用画布画上龙头也像模像样。船上有20个划桨的队员，加上舵手和鼓手共22人。后来新买的龙船划桨队员则是18人，那是符合国家标准的。

渐美芦坑社卢进德、卢在根兄弟采访记

采访时间：2017年3月28日。

由渐美村热心人士许胜国预先约好，调查组来到位于芦坑东片紧邻村道、门牌347号的卢氏宗祠，与卢氏家族辈分较高的卢进德、卢在根堂兄弟见了面。

卢氏宗祠保存得相当完好，坐东南朝西北，由简朴的门楼、一米多高围墙、天井及主殿组成，占地约100平方米。据卢进德说，中华人民共和国成立初期，海澄县政府出具的土地证上所写，祖庙的占地为一亩二分地，后来由于各项建设的需要，才变成如今大小。

卢进德、卢在根堂兄弟都是出生于1952年，是芦坑村卢氏家族30多个男丁中年龄最大、也是辈分最高的两个人。在他们的记忆中，这座卢氏宗祠应该是中华人民共和国成立前或者更早以前就建好的，他们从小就在这里参加各种祭拜活动。“文化大革命”时期，这里被当作生产队的牛棚，围墙上大块青砖被拆走拿去建造大队部。改革开放后，这里归还卢氏家族，并于1994年重修。除了更换一根受损严重的横梁，主殿的梁柱和屋顶的瓦片，以及其他的木柱、木梁和斗拱都没有更换。大家说，原来的木料比现在的新换的更结实。

“文化大革命”期间，《卢氏族谱》与海沧其他很多姓氏的族谱一样，已经散失殆尽。因此，卢氏家人对卢姓是何时从何地迁来芦坑居住已经无法考证，但是有一点是可以确认的，就是芦坑自然村是因为这里最早住着卢氏家族才因而得名。卢姓的“卢”字和芦坑的“芦”字，都是繁体字“蘆”字的简化字。卢氏祖庙白墙上的重修家庙捐资芳名录的18个捐资人的姓氏都写为“蘆”，就可以证明这一点。传说，芦坑村的望族谢氏，是当年芦坑村的卢氏人家娶了外村谢氏人家的女儿后，才有了许多谢氏人家陆续迁居芦坑。后来，谢氏家族出了进士，他们才开始在芦坑修建谢氏祖庙世缞堂的。

渐美村谢添寿采访记

采访时间：2016 年 5 月 18 日。

2016 年 5 月 18 日下午，在海沧区 886 精品酒店大堂茶室，我们采访了渐美村体育奇人谢添寿。

谢添寿前几天刚刚从新加坡参加完第 19 届亚洲田径老将运动会回到厦门。在这次运动会上，由于大腿伤痛，最后只拿到跳高比赛的第六名，觉得很遗憾。

谢添寿已故父亲谢景昌是一名农村教师，曾在海沧多个学校教过书，文化程度较高，同时热爱体育运动。母亲是个农村的壮劳力，力气大，赶牛犁地是把好手。添寿自小就受到了父母亲的感染，也养成了爱读书、爱运动的习惯。

谢添寿出生于 1958 年 6 月，7 岁进入渐美小学读书。1970 年小学毕业后，到海沧中学石塘分校念初中，并于 1971 年春季考入位于海沧镇的海沧中学高中部。由于从小热爱体育运动，高中时积极参加体育训练，因此在学校运动会的田径比赛中，经常夺得跳高、跳远、短跑的冠军奖牌。1973 年夏季他高中毕业时，由于高考尚未恢复，无法继续升学，他就响应党的号召回到渐美大队第四生产队务农了。

谢添寿因劳动出色、活动能力强，在 1978 年渐美村的团组织整改中，被推选为团党支部书记。在团支部（后来扩大为团总支）书记的岗位上，他一干就是 11 年。在此期间，他带领渐美村的团员和青年人积极开展各项有益的活动。

1978 年开始，谢添寿响应政府号召，带领共青团员大力发展植树造林，在村前村后、龙舟池四周、公路两旁、古楼山地上种下成片绿树，改善了人们的生活环境，因而得到了上级的表彰，1980 年被评为“福建省植树造林突击者”，并于 1982 年 10 月到省会福州参加了表彰会。

渐美村的共青团员们也积极参加各种公益活动，1980 年组成青年突击队参加修水渠的大工程，解决农田用水难题；每逢附近山林起火，谢添寿就会带领团员们奔赴救火第一线及时扑灭山火，防止造成更大的灾害。

在文体活动方面，谢添寿更是发挥了自己的特长。他的运动兴趣十分广泛，登山、举重、游泳、乒乓球、划龙舟等，样样拿手。他不仅自己喜欢运动，还善于引导村里的其他小伙子从事健康的文体活动。在他的感染下，村里的小伙子们对体育产生了浓厚的兴趣。三人一组，五人一群，还在家里办起了“农村家庭健身房”。正是有了像他这样热爱体育的人，渐美村的文体活动才搞得红红火火，篮球赛、乒乓球赛、拔河赛、掰手腕比赛等一系列活动每年都要举办好几场，每年村里还举办龙舟赛。

不言败的老将—谢添寿[1]

“我在村里面，可以说没有对手。参加高水平的体育比赛，特别是全国性的体育比赛，是我多年的愿望，所以这次听熟人说有全国老将田径运动会并可以报名参加，我就让熟人帮忙以个人的名义报名参加了比赛。”

2004 年 6 月 4 日，记者见到刚参加完第六届全国老将田径运动会的谢添寿时，老谢毫不谦虚地说，一段时间来一直为找不到对手而“寂寞”。

46 岁的谢添寿首次参加在北京举行的亚洲老将田径运动会，就获得跳远第二名、百米第四名。

记者慕名来到厦门海沧渐美村老谢家时发现，满屋都是其参加各级运动会获得的奖状和锦标。

---

[1] 2004 年 6 月 7 日《东南早报》。

首次参加国家级竞赛，给老谢多少留下了些遗憾。他说，“其实我还能取得更好的名次，这次我跳远成绩 5.1 米，离我最好成绩还差 0.5 米左右，百米成绩是 12 秒 7，比最好成绩 12 秒 2 也慢了半秒。在百米比赛中，前 90 米我都还是领先！”

原来，在之前的一次训练中，谢添寿小腿肌肉不慎拉伤，比赛前几天腿伤才刚基本恢复。不过，老谢表示将加强训练，下一步的目标是参加年底在泰国亚洲老将田径运动会。

老谢不仅自己喜欢运动，而且还善于引导小伙子从事健康的文体活动。在他的感染下，村里的小伙子们对体育产生了浓厚的兴趣。老谢还在家里办起了“农村家庭健身室”。在厦门市举办的掰手腕比赛中，老谢和他的伙伴们在各级别的比赛中都名列前茅。

渐美村的文体活动在老谢的组织下也搞得红红火火，篮球赛、乒乓球赛、拔河赛等一系列活动每年都要举办好几场，每年 5 月村

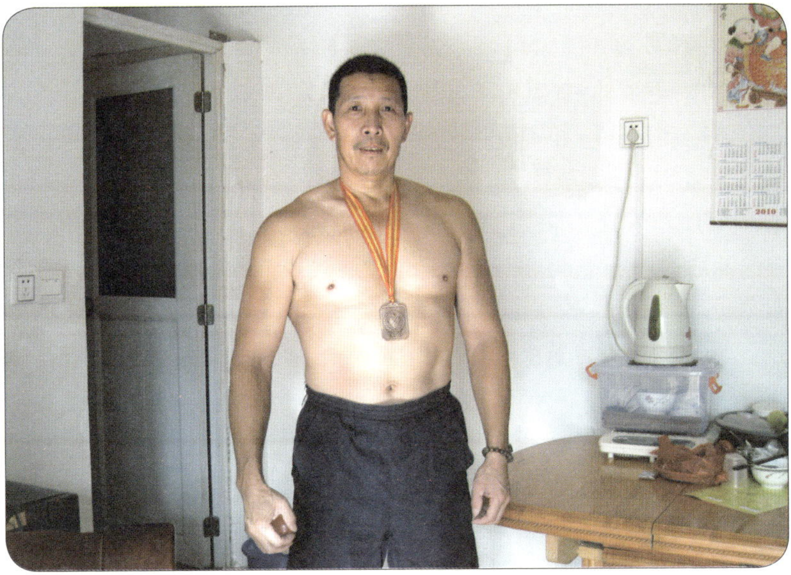

谢添寿在家中训练

谢添寿在 2004 年举行的第十三届亚洲老将田径锦标赛上
获得跳高金牌后与国家体育局领导合影

谢添寿在 2010 年举行的第十二届全国老将田径赛上
获得 100 米第三名的奖牌与获奖证书

谢添寿历年获得的奖牌

里还举办龙舟赛，1998 年老谢和他们村的龙舟队还参加了在福州举行的龙舟国际挑战赛。

渐美村王文山采访记

采访时间：2016 年 6 月 27 日。

王文山在渐美村是个有名的健身爱好者。他在厦门钨业公司上班，三班倒，最近连续上了四天班后今天轮到他休息了。

6 月 27 日下午，调查组在文山家的客厅里采访了他。

刚刚坐下，问起渐美村王氏家族的历史，文山即刻起身回里屋拿出了一本他自己编写的《王氏家谱》，里面详细记录了从开闽泉王审邽（“开闽王”王审知的二哥）后代迁徙到泉州安溪，又从安溪分支到渐美村的来历，字体清秀，条理清晰，对研讨渐美村的历史很有参考价值。

王文山的文化程度其实并不高。1984 年，他在渐美村念完五年制小学，1987 年从海沧中学初中毕业。当时，由于家里劳力少（家里除了姐妹，只有他一个男孩子），他没有听从老师劝他继续升学普通高中的建议，毅然决然回到村里，帮助父母亲种菜、养猪。那年，文山才 15 岁。

文山的父亲王清海从 1961 年开始担任渐美大队第二生产队的会计，1966 年到渐美大队担任会计，一直当到 2005 年才退休。在 1983—1997 年的 15 年间，王清海家还是渐美村有名的养猪专业户。文山回乡后，天天起早贪黑伺弄那块位于海沧外国语附校附近的自留地，几分坡地全都种上了肥猪喜爱吃的高丽菜和牛皮菜。他现在还记得很清楚，那时从水源到菜地挑担行走一趟要 280 步，每天挑水要 130 担，除了下雨天，天天如此。在这个过程中，他练就了快挑快走快浇的本领。晚上，他还要将家里猪栏的粪水全部收集起来，隔日挑到自留地去施肥，这样青菜才能长得绿油油。猪粪施肥，种菜养猪，可形成良性循环。他家建有三栏猪舍，长期保持存栏数大、中、小共 9 头猪，一般要饲养 10 个月才能出栏，总重量可达 450 千克左右。记得有一次单头猪重量达到了 260 千克。

1988 年 3 月，文山进入位于海沧村附近的厦门钨业公司当工人，每天上班前和下班后，他照样到菜地忙活。每天清晨四点半起床，到菜地里忙到到六点十五再跑步回家吃早餐，六点四十骑车去钨业公司上七点半的班，下午三点半下班后，回家吃一点东西，挑上肥料到菜地施肥，天黑前又挑着猪菜回到家里。吃了晚饭，有时候还帮助外婆切猪菜。一口煮猪菜的大锅堆得好像小山尖一样。虽然一天的活儿排得满满的，很辛苦，但是他觉得生活很充实，身体也很健康，而且睡眠极好，上床睡觉不用五分钟就能睡着了。

文山喜爱运动最早是从初中时代开始的。那时候，学校让他负责每天早上的广播操播音工作。他要等到同学们做完早操，关掉了扩音器，才可以下楼。因为已经没有广播操的音乐，他就去跑步，从学校一直跑到临近的后井村再折返回来。三年下来，文山渐渐养成了热爱运动的习惯。

1987 年初中毕业回乡后，从电视上广播中看到听到举重运动员何英强、何灼强打破世界纪录勇夺世界冠军的新闻，文山很感动，也很受启发。他觉得自己也可以试着学习举重技术，锻炼身体。于是，他就自己动手，用纸板做模具，倒了几块二三十斤重的水泥饼，中间凿上圆洞，找一根 3.5 千克重的钢管，就在自家院子的泥土地上和几个儿时的好伙伴一起练起了举重。当时，村里的健美高手谢添寿偶尔从附近路过，也过来试着举了几下，他一下子就单手举起了文山的土杠铃，令大家羡慕不已。

到了 1997 年，文山已经结婚三年，经济条件也好了一些，他就花了 1000 多元买了一套 142.5 千克的新杠铃，继续练习举重。同时，他开始练习负重深蹲。当年，已经 25 岁的文山发现练习负重深蹲后，几年不变的身体开始长高，虽然平均每年只长高 0.4 厘米，但对于身高只有 169 厘米的他却是个巨大的惊喜。文山尝到了负重深蹲这种训练的甜头后，就一发不可收拾，并逐渐加大了杠铃的重量,直到最后把早期自制的水泥饼都加了上去,最重时达到 172 千克。而他的身高也如芝麻开花节节高，到 2004 年身高达到了 173 厘米；2005 年，33 岁的文山不再长高了，身高神话终于结束，文山的负重深蹲也告一段落。

在文山家院子里，调查组看到了一个长宽各 1 米、高约 3 米的钢架，那是当年渐美村在拔河比赛中输给霞阳村以后，他自己动脑筋设计出来的用于训练拔河力量的运动器具。

1999 年春节，在未来海岸售楼处前的广场上，举办了一场拔河比赛。海沧各个企业和村庄派出了代表队，渐美村也派出一些个子高大的青年人组成拔河队应邀参赛。比赛中，渐美队一路过关斩将进入了决赛，与霞阳村代表队争夺冠亚军。霞阳村的队员看起来个子跟渐美村的差不多，但是在比赛中，他们发挥了训练有素和个人力量的优势，轻易赢取了比赛的冠军。文山从失败中看到了自己村的队员缺少训练的不足之处，他就发挥自己在工厂当过钳工的经验，制作了这个练拉力的钢架，利用增减杠铃重锤的数量来增加训练的强度。经过一年时间的刻苦训练，队友们的素质得到较大的提高，终于在 2001 年的海沧区庆“五一”拔河比赛中战胜了霞阳村代表队，夺得了大赛的冠军。从此以后，渐美村拔河队经常在各种比赛中得奖，在 2016 年 6 月的厦门市工人运动会拔河比赛中又取得第二名的好成绩。

王文山自制的石头重锤

掰手腕、练推力，也是那时文山和好伙伴天天爱玩的训练项目。文山每天从菜地回来吃了饭，好伙伴就会过来聚在一起，或在小台子上掰手腕，比试谁的手劲大；或在院子里练推力，

王文山在家中的自制器材上训练

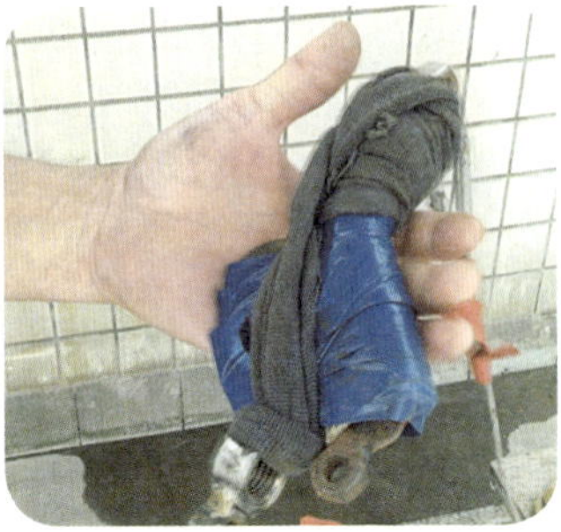

王文山自制的拉手

看谁柔力强。由于这两个项目简单易行，大家越练越起劲。同时，文山将拉力钢架上的拉手加装了一个铁质仿真手臂，可以通过手臂拉动重锤来达到掰手腕的训练效果。通过这种训练方式，大家的腕力不断加强，掰手腕的成绩也越来越好。三年时间，渐美村的掰手腕就出了名，附近村庄基本找不到对手。2003 年，厦门日报社组织了一次全市掰手腕大赛，文山不负众望，夺得了 70~80 千克级的冠军。

渐美村的划龙舟运动久负盛名，改革开放后，从 1985 年开始，村里每年都组织比赛。但早期的旧龙舟都是采用单膝跪姿的，速

王文山带队参加拔河比赛获佳绩

度慢。1998 年，从大连买回国标新龙舟后，才改为坐姿划船。文山又在拉力钢架上动起了脑筋，他将拔河的拉手换成一支铁管制成的船桨，并将原来站立的位置放上座椅，前方又加了蹬脚的装置，完全模仿了水面划龙舟的实际效果。经过训练，龙舟队员们的实力得到大幅提升，渐美村龙舟队外出比赛经常拿到好成绩也就不奇怪了。

渐美村村“两委”领导采访记录

采访时间：2016 年 5 月 12 日—2017 年 9 月 12 日。

采访人：许朱成主任、许定书记、许朱充副书记。

2016 年 5 月 12 日至 9 月 11 日，调查组在渐美村分别走访了村“两委”的主要领导。

与海沧街道很多村庄不一样的是，渐美村村“两委”几个主要领导许朱成主任、许定书记、许朱充副书记在村“两委”的岗位上已经连任了 7 届。将近 20 年的时间里，他们一直认认真真地贯彻执行各级政府和上级党组织的政策和指令，兢兢业业、全心全意地为村民服务，取得了村民们的信任和上级领导的表彰。走进设在破旧平房里的村委会的简陋会议室，映入眼帘的是整面荣誉墙上整齐挂满的奖状和奖旗，还有收在柜子里的很多奖杯。从中可以看出，他们的工作得到上级部门的高度认可。

多年来，村“两委”领导做了不少实实在在地为村民谋利益减负担的事。1995 年，渐美村申请安装自来水，当时从引水主管开个接口，需要缴费 64 万元人民币，考虑到村民们承受不了这样高昂的费用，村领导积极向政府请求支援，最终管委会同意减免这项费用。村民们减轻了负担，很快用上了干净甜美的自来水，结束了千年来引用苦涩井水的历史。

渐美村中的道路以前都是土路或石子路，人们行走、行车都很不方便。从 1995 年开始，村“两委”组织人力、财力陆续开展路面硬化工作。几年时间，基本实现全村贯通硬化道路。最近几年，村“两委”又结合城中村改造和排污管道的铺设，对路面做了进一步的升级和铺装，村容村貌焕然一新。

2005 年，村“两委”配合供电局进行本村电网升级改造，安装了大容量的变压器，村民们再也不用为电压低无法使用家用电器而发愁了。

2005 年，在村“两委”的努力申请下，区委宣传部拨款 20 万元人民币，村财政出一部分资金在渐美村龙舟池附近建了一座内有会议室、图书馆等设施的渐美村文化中心，村民们在自己的文化场所学习、娱乐、休闲，不亦乐乎。

2006 年，村“两委”针对村民们反应较大的村庄中生活设施不足的问题，筹款建设了渐美社和芦坑社的两个水泥篮球场、两座公共厕所和菜市场，满足了村民对体育运动设施、卫生设施、菜市场的需要。

2006 年,渐美村的土地征用和房屋拆迁安置费陆续到位。村“两委”做了大量前期工作，将安置费 2500 万元人民币全部顺利地发放到村民手中，赢得了村民们的赞许。

2007—2008 年，为满足村民们的信仰需求和宗族祭祀等需求，村“两委”配合朝真宫理事会、原应宫理事会及姓氏宗亲理事会等团体，对渐美村里众多的宫庙和宗祠分别进行了移迁、改建、翻修等工作。

渐美村村“两委”对村里的治安工作非常重视，狠抓严管，并取得很好的成绩，全村十多年没有出现大的案件。2003—2009 年，渐美村在海沧街道的评选中连续多年被评为治安管理第一名。2008 年，渐美村警务室被授牌为“徐玉华警务室”，在全厦门市只有四个单位的警务室被以个人名字授牌。

2009 年，渐美村被纳入海沧区城中村范围，村民们从原来从事农业生产，转型为城市服务，开始以出租房屋的收入辅助家庭开支，渐美村的外来人口急剧增加。为了加强治安宣传，做好卫生工作，加强出租房管理，定期召开房东大会成为村“两委”的一项重要工作内容。大家为建设文明乡村而共同努力。

近几年，在区政法委资金的支持下，渐美村村“两委”加大宣传力度，动员村民们积极配合，陆续为村里所有的出租房都安装了门禁系统。各家各户的安全有了保障，杜绝了各类治安事件的发生，为建设平安渐美发挥了巨大的作用。

随着外来人口大量增加，村“两委”配合区政府，在村委会旧房子里面建了一座二层楼的办事大厅，宽敞明亮，方便了外来人员办理暂住证等业务。

渐美村村“两委”认真执行上级领导的指示，认真做好村民们的思想工作，连续多年获得计生工作模范单位的荣誉称号。

从 2006 年至今，渐美村连续多年获得省委省政府颁发的文明村镇的光荣称号。

附　录

崇祯本《海澄县志》之《风土志》

海澄在明代嘉靖四十五年（1566 年）建立县治之后，一直到崇祯年间才修第一部县志——《海澄县志》。参与纂修县志的主要人员，一位是海沧渐美人谢宗泽，一位是闻名遐迩的龙溪人张燮，还有一位是邑人蔡国帧，被称为“修志三君子”。从人手配备上来说，谢宗泽等三君子无疑是最了解海澄县沿海一带情况的人，尤其是谢宗泽本身就成长在海澄三都沿海地带的渐美。崇祯朝谢宗泽等人纂修的最早版《海澄县志》，其取材、章节的划定设立几乎成了后来再修县志的范本。特别值得一提的是，崇祯本的县志中，特开辟了《风土志》，涉及古今中外的海澄，包括海沧特产，特别是对舶来品多有记述。如《风土志》中提到的许多舶来物品都把它归纳在本土的物产里面，体现了一种包容的气度，同时也见证了海沧以及渐美村曾经是海上丝绸之路的一个热点地方。其中提到的银钱在两百多年之后中国才在光绪年间自己制造；自鸣钟在明代已经摆上了海澄人家的几案；而蔷薇水是西方女子的化妆品也才成为了海沧妇女的尤物，西洋玻璃镜也进入了漳州人的生活……笔者对照了后来在修县志的康熙版和乾隆版，这些记载已经全部被删除。谢宗泽等人编撰的崇祯版《海澄县志》无疑的成为非常宝贵的一部史料，这也是渐美人的骄傲。

可惜的是，崇祯本的《海澄县志》原版目前国内无存。这部文献现在藏于日本国会图书馆，本部分是根据厦门大学历史系宋瑞同学提供的影印本《风土志》内容进行整理，北京师范大学历史系硕士研究生刘少敏、厦门大学美术系硕士研究生李梦丹点校编辑，由于县志内容庞大，且是木刻无标点版本，整理翻录步履维艰。因此，本书对部分内容仅做简要记录，通过这部难得的资料，力求为海沧渐美的历史增添一份厚重感。

海澄县志卷之十一

风土志

（风俗考，气候，岁时，物产。本文仅记录特产部分。）

夫皇民敦秦，民弊时也，山民朴市玩处也物相物而铁规启，则素丝多苍黄之染，维兹影国托在奥区，习俗之所移人，向尚阻于声教青华之所荫宇，后渐被于休明士女既以鳞翔工商于焉。辐辏帆樯楼橹狎险，远而乞灵，葵芊苧蒲决，排而导润贾胡腹剖物不产，而宝者多，渔艇灯残歌欲终，而和着众岁时伏腊家共乐夫，昭辰吉凶，宾嘉事繁，沿于古，诎橘逾淮乎，化枳容溯芳林，鸿误楚以凝宜醒幻境皆本，乱以之治今复盛，而虑衰虽十里不同风，或十年而一变，撑持世道调适人情，使民风还淳，瘠土化沃，顾不重乎哉，作风土志。

风俗考·澄在昔为潜龙之渊，沿鸥之渚，结茅而居者，不过捕鱼纬萧，沿作生活。迨宋谢晞圣筑海引泉而农务兴。颜苏诸君子唱学振人而文教启。明兴治化翔洽迄于海隅，建邑以来，文物衣冠与上国齿民间略，其修脯咸，遣子诣塾师，授经吾伊小声汇乎四远。青钱待选白壁还封。益萌蒨蔚为芳林。而离披编为国宝者也。田尽咸卤，必筑堤障潮寻源，导润有千门其举之绪。而无百年不坏之程。岁虽再熟获少蒲篝，戴竹复梨，间中良苦。于是侥心计与健有力者，往往就海波为阡陌，倚帆樯为耒耜，凡捕鱼纬萧之徒，咸奔走焉。益富家以赀贫人以佣，输中华之产，骋彼远国，易其方物以归。博利可十倍，故民乐之。虽有司密謅间成归泽之渔，贼奴煽殃每奋当车之臂，然鼓枻相续吃苦仍甘。亦既习惯，谓生涯无逾此耳，方夫趁舶风转，宝货塞途，家家歌舞赛神，钟鼓管弦连警响达十方巨贾，竞务争驰，真是繁华地界。然事杂易淆，物体多观，怀隙构戾，职此之由，以舶主中上之产，转聆逢辰，容致巨万。头徽遭倾覆，破产随之。亦循环之数矣。成弘之际称小苏抗者，非月港乎。嘉靖云扰赤白之丸，乘倭而张负嵎。建垒几同戎穴，良民莫必其命。迨乎食藕怀好，画陇安几数十年间，承平足乐，而天启以后，又日日苦兵，报水者偷以自完，接济者乘为女利，顿诸撵上，设险固围，军声转壮，抵今而金汤屹然，贼殊远聂，昔何以逆，而今顺顷何以弱，而今强掳亦自上束之，而掳乃可消，自上鼓之，而勇乃可学乎。

物　产

谷之属

粳稻：左思《三都赋》国税再熟之稻宋马益诗两熟，湖田天下无盖谓此也，又有大冬稻，春种冬收，又有占稻，宋大中祥符五年遣使取占城稻，分给江淮两浙，米凡三种，白者为上，斑次之。

稷 :《说文》斋也。五谷之长。《徐曰》案本草，稷卽穄，一名粢。楚人谓之稷，关中谓之，其米为黄米。《通志》稷苗穗似芦，而米可食。《月令章句》稷，秋种夏熟，历四时，备隂阳，谷之贵者。《诗·王风》彼稷之苗。《礼·曲礼》稷曰明粢。又神名。《风俗通义》稷，五谷之长。五谷众多，不可偏祭，故立稷而祭之。又农官名曰后稷。《书·舜典》汝后稷播时百谷。《左传·昭二十九年》蔡墨曰：稷，田正也。有烈山氏之子曰柱，为稷，自夏以上祀之。周弃亦为稷，自商以来祀之。又疾也。《诗 · 小雅》既齐既稷。《注》齐整稷疾。言祭祀礼容庄敬也。按《毛传》训稷为疾。郑笺仍训黍稷之稷。朱注本《毛传》,宜从毛训为是。又姓。汉上津令稷嗣。又地名。《左传·宣十五年》晋侯治兵于稷。《注》稷，晋地。河东闻喜县西有稷山。《前汉·地理志》西河郡美稷县。又与昃通。《谷梁传·定十五年》戊午日下稷，乃克葬。《注》稷，昃也。下稷谓脯时。按《隶释·郙阁》言劬劳曰稷，用《谷梁》日下稷之文，与《尧母》日不稷，《费风》乾乾日稷同。《集韵》或作稷。古以稷为谷神，故有社稷之称，《广雅疏证》云今人谓之高粱也。

以下尚有糯稻、麦、黍、粟、麻（条目详说略，下同）。

帛之属

琐服：以鸟毛织就，一名梭服。

交趾绢：八蚕之丝所织也，吕宋多用之，其色近古。

西洋布：出自哑齐一统志名蒯布，西洋布槽广而长四五尺，精者价乃胜绸。

吉贝布：此澄产也，南史曰：吉贝布花成时如鹫也，抽其槽丝之作布，碾去其枝，木竹为弓，牵弦以弹，令其匀称。

货之属

银钱：其中有文大者七钱五分，夷名银币，八分者明曰角币，自吕宋佛郎机携来，今漳人通用之。

犀角：《山海经》曰：犀牛一角在顶，一角在额，一角在鼻，三角者水犀，二角者山犀。夷人以角为器，大者以白为上，而带花不黑者人争宝之。《本草纲目》：犀角，番名低密，弘景曰入药为犀生者为佳。曹明仲《格古要论》：犀角有肥瘦之分，有黄、有黑，有淡如碧玉，黑中有黄花、黄中有黑花，凡器皿要滋润，粟纹绽花者好，其色黑如漆、黄如粛，上下相连，云头雨脚分明者为佳。

象牙：《尔雅》曰象，其牙如白蜡，今澄人刻为人物，亦有作为牙扇，芳女带牙簪，亦有牙梳者。

玛瑙：与玉石同坚，华夷皆爱之，凡有三色者，人争宝之。

蔷薇水：张元干《浣溪沙·蔷薇水》：“月转花枝清影疏，露花浓处滴真珠。天香遗恨罥花须。沐出乌云多态度，晕成娥绿费工夫。归时分付与妆梳。”又《册府元龟》“占城国王释利因德漫遣其臣萧诃散等来贡方物，中有洒衣蔷薇水一十五琉璃瓶，言出自西域，凡鲜华之衣以此水洒之，则不黦而复郁烈之香连岁不歇”。今澄之蔷薇水皆来自西域，夷女以润肤发，大家闺秀喜之。

自鸣钟：谢肇淛《五杂俎·天部二》：西僧利玛窦有自鸣钟，中设机关，每遇一时辄鸣。其时辰表，来自西洋。不与干支同例，有针随晷刻指十二时，时辰至则钟自鸣。今富庶之家，置几上以为奇巧。

琥珀：《博物志》曰：松脂沦地中，千年化为茯苓，又千年化为琥珀。

玳瑁：大如扇，侣龟甲，有纹者解毒，黑者辟邪。

翠羽：《尔雅》称之鹬翼，实为锦鸡之毛也，可做首饰之点缀也。

沉香：宋《本草衍义》：沉香木，岭南诸郡悉有之，旁海诸州尤多。交干连枝，冈岭相接，千里不绝。澄之所产也偶见于峰谷之间，雷击者佳。

以下尚有：龟简、鹤顶、琉璃、楠香、沉香、速香、檀香、安息香、麝香、乳香、降真香、丁香、片脑、苏合油、锡、铅、羚羊角、明角、乌角、鹿角、獭皮、马尾、孔雀尾、黄鼠、白鼠、梨花木、乌楠木、棕竹、藤、藤黄、阿魏、没药、血竭、芦荟、烛、炭、灰。

器之属

鹤卵杯：海外有大鸟如鹤，取其卵剖之以为酒器。

犀角杯：《战国策·楚策》曾载，楚王“遣使车百乘，献鸡骇之犀，夜光璧于秦王”;《汉书》记“南越王赵陀献文帝犀角十”。

以下尚有：铜鼓、倭屏风、倭刀、玻璃镜、嘉文席、藤花罩、金刚钻、夷瓶。

食之属

燕窝：《华夷考》曰：海燕大如鹭，春回巢，以古岩为壁作垒。《岛夷志》曰：海燕，春回秋往，吐涎为窝，土人摘而炖食之。《本草纲目》云："闽之远海近番处，有燕名金丝者。首尾似燕而甚小，毛如金丝。临卵育子时群飞进汐砂有石处，啄蚕螺食，有询海商，闻之土番云，蚕螺背上肉有两肋如枫蚕丝，坚洁而白，食之可补虚损，已劳痢。故此燕食之，肉化而肋不化，并津液呕出，结为小窝附石上。久之，与小雏鼓翼而飞，海人依时拾之，故曰燕窝。"

以下尚有西国米（西谷米）、胡椒、孩儿茶、蟳肉、菠萝蜜、椰。

蔬之属

芥：本草曰芥似菘，有青紫白数种，尔雅曰：望梅生津，食芥堕泪，取其子揭为末，和醋食之，能涤畅人气也。

以下尚有萝卜、胡萝卜、白菜、油菜、芥蓝、莴苣、萝、波稜、莙荙、倭菜、茼蒿、浮藤菜、葵、枸杞菜、苋、蕨、笋、石花、海苔、椒、葱、韭、薤、蒜、胡荽（应该是今天的香菜）。

蓏之属（草本植物的果实）

茄：有紫白两种，《大业杂记》曰：隋炀帝名茄为昆仑紫瓜。

以下尚有瓠、匏、壶、西瓜、冬瓜、菜瓜、丝瓜、王瓜、苦瓜、金瓜、土瓜。

果之属

荔枝：上林赋曰：荅迁离支白乘天日，荔枝团团如帷，益叶如桂，冬青，花如橘卷，荣实如丹，及熟果如蒲桃，枝如琴轸，仪如红桧。腹如紫绡。瓢肉洁白如冰雪，浆液甘酸如饴。宋蔡君《荔枝谱》

赞曰："水浮陆转，以入京师；外些北戎、西夏，其东南舟行暹罗、日本、琉球、大食之属，莫不爱好，重利以酬之。故商人贩益广而乡人种益多，一岁之出，不知几千万亿。"

以下尚有龙眼、甘、橘、柚、柿、桃、李、梅子、梨、香橼、金橘、菩提果、黄弹子、石榴、馀甘、橄榄、菱、甘蔗、凫茨（注：古称凫茨，又称荸荠，今有些地区名地栗、地梨、马蹄。多年生草本植物，种水田中。地下茎为扁圆形，表面呈深褐色或枣红色。肉白色，可食。）倒黏子、甘薯、芋、椎。

药之属

苡薏仁：本草一名解蠡、一名屋菼，久服轻身益气，根下有三虫云。

菖蒲：《本草图经》：菖蒲，今处处有之，而池州、戎州者佳。春生青叶，长一二尺许，其叶中心有脊状，如剑，无花实，五月、十二月采根，阴干。今以五月五日收之。其根盘屈有节，状如马鞭大，一根傍引三、四根，傍根节尤密，一寸九节者佳，亦有一寸十二节者。采之初虚软，暴干方坚实，折之中心色微赤，嚼之辛香少滓。人多植于干燥沙石土中，腊月移之，尤易活。又蜀人用治心腹冷气骤痛者，取一、二寸捶碎，同吴茱萸煎汤饮之良。

以下尚有扶留藤、菖蒲、枸杞、山檎、杉、金荆、黄杨、白杨、柯、水杨、栟榈、桄榔、蒲葵、加条、朴、罗汉松、侧柏、油桐、乌桕、皂荚。（列有 108 种）

花之属

红梅：闽地最广，澄之山巅、谷壑，常有野梅以其骨骼清高而为雅士所重。苏轼《江梅三首》"不知梅格在，更看绿叶和青枝"。市居安《梅石问诗话》"梅枝高韵胜"，林和靖《山园小梅》"疏影横斜水清浅，暗香浮动月黄昏"，李清照《满庭芳》"莫恨香笑雪减，须信道，扫迹情留，难言处，良宵淡月，疏影尚风流。”陆游《卜算子》“无意苦争春，一任群芳妒。零落成泥碾作尘，只有香如故”晁冲之《汉宫春·梅》“微云淡月，对孤芳。分付谁，空自倚，清香未减，风流不在人知”。

以下尚有蜡梅、桃花、碧桃、玉兰、木笔（原名紫玉兰）、蜀茶、山茶、海棠、秋海棠、瑞香、素馨、菊、木芙蓉、山丹、荷花、蔷薇、合欢、若榴、紫薇、紫荆、含笑、指甲、遍地锦、玉簪、鸡冠、鹿葱、金凤、燕子花、玉蝴蝶、金丝蝴蝶、剪春罗、滴滴金、七里香、栀花、木槿、佛桑、照殿红、酴醾、御爱、宝相、长春、丽春、树兰、宝兰、美人蕉、喷雪、豆蔻花、蜀葵花、金灯。

草之属

络石：本草曰：生阴山峻壁或人家亭苑上石涧种以为饰，其茎蔓延，茎节着处即生，根须包络石上，其在木者，随本性而移。薜荔、木莲、地锦、石血皆其类也。

以下尚有鼠麹、仙草、水烛、蒲、藻、萍、虎耳、龙舌草、凤尾、芦、芒、老来红、仙人掌、席草、灯心草、独帝、野葛、芸草。

羽之属

鹦鹉：三川志曰：鹦鹉性灵，邑人教习语言久而能言，此法古来有之，盖所言非虚也。

鹭：《毛诗·周颂》云“振鹭于飞，于彼西雍。其体小于鹤。体态轻盈，翔于海滨，歇于树梢以鱼虾为食，春夏尤多，成群如片。

以下尚有鹊、乌、鸠、鹤、鸲鹆、莺、鸂鶒（形似鸳鸯，体型较大，俗称紫鸳鸯）、鸳鸯、鹭、百舌、白头翁、雀、鹪鹩（亦称“桃虫”“巧妇”）、布谷、伯劳、凫、鸥、鸮、火鸡、绿鸠。

鱼之属

海月：《临海志》曰：海月，大如镜，白色正圆，一名蠔镜，亦谓海镜。谢灵运诗，挂席拾海月是也。

以下尚有胡鲨、白鲨、石首、鲤鱼、鲫鱼、鲈鱼、鳜鱼、乌鱼、子鱼、马鲛、鲳鱼、鲭鱼、鲢、鲥鱼、敏鱼、贴沙、鳗鱼、银鱼、金鱼、鲎鱼、棘腊、黄鳍、乌颊、章鱼、锁管、鲱鱼、油筋、泥笋、赤鱼、鳙鱼、乌鲗（即乌贼）、黄鱼、白爵、青鳞、麒鱼、燕鱼、带鱼、魟鱼、泥鳝（即泥鳅）、圆通鱼、蚱。

介之属

鲎：形如便面，色青黑，十二足悉在腹下，雌常负雄，渔者取之得双，吴都赋曰：乘鲎言相乘也，濒海以鲎皮为杓。

以下尚有龟、鳖、蟹、鲎、蟳、虎蟹、金钱蟹、步倚、蚶、牡蛎、车螯、水龟、龙虾、虾蛄、田虾、苗虾、香螺、花螺、田螺、蚌、蛤、蛤蜊、土铁（鐵）、海胆、江桡、蛏、竹蛏、蚬、空豸（一名白蛤）、海粉。

虫之属

螽斯：方言曰草蜢，长股、青色，似蝗蝻而小，生田间不害稻。

以下尚有蝉、蜻蜓、蜂、蝴蝶、蝙蝠、萤、蛾、蝇、蚊、蜘蛛、螳螂、蟋蟀、蜥蜴、蚯蚓、斑猫、水蛭、蜈蚣、树蛤、蔗蝉、蜗牛、樟虫、蚁、蝇虎、虾蟆。

（文字节录崇祯版《海澄县志·风土志》，如需引用，请以木刻版原文为准。）

后　记

山川之毓秀，古来共谈；时代之沧桑，贤愚皆惊。如今的我们也正处在一个大变革的时代。这个时代，既是中国不断走向城市化，走向和平崛起的一个时代；同时也是我们的思想观念和文化意识不断进行更新、探索新的存在价值的一个时代。历史的发展是不断向前的，但是我们却不得不去回顾历史的曲折，依托于根源意识，尝试着由此而发掘出激励我们更顺畅向前的历史文化资源。

乡村曾经是中国的原生态的典范，乡土意识曾经是中国人的根源意识，乡土中国的变迁也正是20世纪后期以来中国所面临的最大的历史事件。我们之所以要编写“风土海沧系列丛书”，契机之一是基于了这样的历史大背景。

渐美村的调查活动，始于2016年春节前，一直延续到2017年11月。在这片土地之上，过去的乡村之中的每一栋建筑、每一道标志、每一条道路，乃至一棵棵树木花草，都潜藏了村民们的历史回顾、孩童记忆、生活印记、时代沧桑。在步入村落之后，尤其是经历了与村民的交流、与老人的详谈之后，我们最为深刻地体会到了这一点，同时也深切地意识到自身的责任与义务——积极挖掘村落文化资源，认真整理村落文献资料，避免使它湮没在时间的长河之中。

任何一个事物的发展，都不是一蹴而就的。任何一项重要的任务，也必然充满了曲折与艰辛。我们只不过是一群执着于搜集、整理有限的资料，展开口述史的整理与保存工作的人，即便是近在咫尺的村落调查活动，我们也尝试到了各种考验。首先，我们要面对的是确立调查大纲的问题。我们经历数次讨论，编撰了调查纲要，但是却遭遇到了资料收集的问题，尤其是资料缺失的困境。为了资料的整理和审核，我们多次相约在厦门大学、海沧文化中心集体讨论、坦诚交流，终于得以克服种种困难。其次，就是调查时限的问题。一方面村落的整体拆迁迫在眉睫，传统遗址日渐消失，旧有风貌不再存在；一方面熟悉村史的老人相继离世，健在的老人记忆日渐模糊，年轻人则缺乏了切身的了解和感受。如何挽留这样一个不断消逝的现实与记忆，需要我们不断地改进方法，一一地将各个问题落实到位。尽管如此，我们还是抱着一种紧张感与迫切感，迎难而上，最终完成了编撰工作。

渐美村的调查活动分为两期，前期由调查组林致平老师完成，通过本卷的人物采访，我们可以看到自 2016 年 3 月至 8 月，林致平老师走访了渐美村下辖的渐美、芦坑两个自然村，走访了多位重要人物，留下了第一手的口述材料。而后期资料补充则由卢志明老师、吴志坚老师和吴昀、李梦丹、余秋实、谢添寿、宋瑞等调查组成员共同完成。在此，衷心地感谢为本次调查提供支持与帮助的人士。渐美村村主任许朱成，书记许定、副书记许朱充等人大力支持文化馆的调查活动，给我们提供了很多帮助；许成国作为联络人，联络采访人员、确定时间，始终陪同致平老师参与采访活动；渐美村下辖的两个自然村，在我们的采访中，也得到了渐美社王顺贤老人、渐美村老人会王清海老会长，新会长郭振清老人，渐美社许汉民老人、蔡大嘴老人，渐美村体育强人谢添寿先生、王文山先生和芦坑社谢金声老人、卢进德老人、卢在根老人、郑忠华先生等许多人的支持，获得了宝贵的口述史材料。正是因为他们的大力支持与热心帮助，我们才得以顺利地完成本书的编写工作，在此致以衷心的感谢。

中国人类学家费孝通教授曾经指出：人类学是为“文化自觉”而设立的学问。我们不知道本辑的编撰对于保留乡村民俗资料能否可以发挥出一点微薄之力，但是我们认为或许这也就是一场“文化的自觉”“文化之根的觉悟”，尤其是对于我们全体编者而言，成书过程之中的酸甜苦辣始终难以忘怀，也必将成为我们人生之中不可磨灭的记忆。

本辑编撰时间仓促，水平有限，出现的遗漏和疏忽之处，敬请读者予以谅解，并恳请有识之士批评指正。

编 者

2017 年 8 月 11 日